Jesus
fatos
desconhecidos

Coleção O MUNDO DO GRAAL

Jesus
fatos desconhecidos

Texto extraído do livro
"Jesus, o Amor de Deus"

ORDEM DO GRAAL NA TERRA

Título dos originais em língua alemã
MARIA e
UNBEKANNTES AUS DEM LEBEN DES GOTTESSOHNES JESUS

Traduzido do alemão sob responsabilidade da

ORDEM DO GRAAL NA TERRA

Rua Sete de Setembro, 29.200
06845-000 – Embu das Artes – São Paulo – Brasil
www.graal.org.br

1ª edição: 2007
2ª edição: 2012
Terceira tiragem: 2024

Dados Internacionais de Catalogação na Publicação (CIP)
(Câmara Brasileira do Livro, SP, Brasil)

Jesus, fatos desconhecidos / [traduzido do alemão sob responsabilidade da Ordem do Graal na Terra]. – 2. ed. – Embu das Artes, SP: Ordem do Graal na Terra, 2024. – (Coleção O Mundo do Graal)

"Texto extraído do livro 'Jesus, o Amor de Deus' "

ISBN 978-85-7279-089-5

1. Espiritualidade 2. Jesus Cristo - Biografia 3. Jesus Cristo - Ensinamentos I. Série.

24-07490   CDD-232

Índices para catálogo sistemático:

1. Jesus Cristo: Cristologia 232

Impresso no Brasil
Direitos reservados

Papel certificado, produzido a partir de fontes responsáveis.

MARIA

Lentamente o céu vai enrubescendo; pálida, a luz da madrugada rompe as sombras da noite. Aos poucos a vida vai movimentando as vielas de Nazaré. Mulheres, carregando cântaros nos ombros, saem dos portões. Pastores, ainda um tanto sonolentos, tocam rebanhos de carneiros. Mercadores, que passaram a noite em suas barracas erguidas diante dos portões, aprontam-se para entrar na cidade. Cada vez mais ruidoso e agitado torna-se o movimento. À medida que a claridade se intensifica, o alvoroço aumenta, e a atividade do dia se inicia. Entre todos esses indivíduos nenhum sequer encontra alguns minutos para contemplar o céu matutino, o qual apresenta um maravilhoso e crescente colorido, que vai da cor rosa suave até ao mais profundo lilás, oferecendo um quadro encantador. Mesmo a fila de mulheres que se encaminham para o poço, e cujo tagarelar e rir se torna mais vivo e alegre, não se deixa impressionar por esse espetáculo da natureza, magnificamente colorido.

Conversas e preocupações cotidianas; eis do que se ocupam todas essas criaturas. Serão pensamentos cotidianos que levam aquela jovem, de porte alto e de membros delicados, a apartar-se das conversas de suas vizinhas e amigas, que todas as manhãs percorrem com ela o mesmo caminho para o poço?

Ela segue com a cabeça ligeiramente inclinada, mergulhada em meditações. Maria gosta dessa hora matutina. Preferiria andar sozinha, para entregar-se completamente aos sentimentos de bem-aventurança que lhe traspassavam nessa hora. Mas aí se apresenta um obstáculo: sente que constantemente um perigo a espreita. Teme a tagarelice e a zombaria das amigas, que muitas vezes riam dela por permanecer sempre retraída. Sentia-se incompreendida, estranha entre as pessoas que a rodeavam desde criança. Não via nenhuma possibilidade, nenhum caminho para comunicar-se com os outros. Seria realmente orgulho e soberba a causa de seu retraimento, como a acusam? Maria procura em seu íntimo e faz essa indagação a si própria. E conclui que não é nada disso! Ela não desprezava as pessoas que a cercavam, não era orgulhosa, estavam sendo injustas com ela.

"Deixai-me, eu não posso agir como vós. Vossos anseios não são os meus, não vos compreendo; não me agrada falar de rapazes e, na verdade, não alimento o desejo de ver-me pretendida!"

Assim Maria desejaria falar, quando encolhessem os ombros para ela, ou quando dela zombassem.

As jovens e as mulheres alcançaram o poço. Ninguém atenta em Maria, que se encontra ali ao lado, em silêncio, esperando pacientemente até que a última tenha enchido seu cântaro. Somente quando todas já se aprontam para regressar, Maria se aproxima do poço. Enche lentamente o cântaro de barro, coloca-o no chão e senta-se na borda do poço. Maria envolve os joelhos com os braços, recosta a cabeça e cerra os olhos. Uma onda de tranquilidade e concentração inunda o seu semblante. Pura e nobre é a expressão de toda aquela figura. Só agora se mostra o verdadeiro "eu" dessa moça.

Somente nesse estado de inconsciência e ao sentir-se livre das observações alheias, uma criatura revela a sua mais íntima e verdadeira individualidade…

Os pensamentos de Maria dormitam; tudo o que a constrange mergulha cada vez mais no esquecimento. Maria sente como o silêncio e a solidão a tornam feliz. Silenciam então aquelas indagações ardentes e atormentadoras. No íntimo do seu ser ela sente a ligação com algo mais elevado. Forte e poderosa, irrompe-lhe a certeza de uma imensa felicidade vindoura. Maria enche-se de júbilo. Sentada, ouve em seu íntimo os sons retumbantes, vindos de alturas luminosas…

Ao longe aproxima-se um grupo de cavaleiros. São soldados cansados e cobertos de pó, que se dirigem a Jerusalém. À frente do grupo vem cavalgando o comandante, ainda cheio de disposição e de vigor. Seu porte ereto e o férreo domínio que a si próprio impõe fazem com que os soldados extenuados, sempre de novo, recobrem o ânimo. Agora os cavaleiros avistam a cidade de Nazaré, enquanto a luz dourada do dia começa a envolver as casas. O comandante do grupo respira profundamente e seus traços se relaxam. Há horas estão montados nas selas, cavalgando à noite sob o céu estrelado e descansando de dia, quando o sol atinge o ponto máximo. Então acabam dormindo um sono agitado, em locais abafados.

Sorridente o comandante olha para trás, para os semblantes exaustos de seus homens. Seu sorriso irradia vigor. Os soldados alquebrados se aprumam, os olhos se iluminam. Palavras animadas e sorrisos espalham-se; subitamente todos se sentem dispostos e os olhares se tornam brilhantes e atentos. O comandante ergue o braço, sua mão aponta um lugar e, chegando mais perto, eles podem ver um poço. Poucos minutos depois, os cavaleiros o alcançam.

Maria, assustada, saiu de seus devaneios ao ouvir o trote dos cavalos. Ainda quis se erguer para apanhar seu cântaro, mas os cavaleiros já alcançavam o poço. Abrandam-se os duros semblantes daqueles homens ao depararem com aquela jovem desamparada. E se agitam em alegria quando Maria, esquecendo o ódio que seu povo votava aos romanos, oferece seu cântaro ao comandante.

Os soldados retiram seus cantis das selas e se dirigem ao poço; os cavalos bebem antes e depois cada um dos homens sacia a própria sede. É com admiração que Maria nota como aqueles homens, embora extenuados, cuidam primeiro de seus animais. Com olhar inquiridor ela observa o comandante; então, no semblante dela brota um cálido rubor, pois nos olhos daquele homem divisou algo que lhe faz palpitar o coração. Aproxima-se, então, o romano. Maria dá um passo para o lado como se quisesse fugir. Mas nesse instante o timbre da voz dele atinge-a em pleno coração.

— Agradeço-te a água que me ofereceste. Como te chamas?

Maria ergueu a fronte.
— Maria, senhor!
— E moras naquela cidade?
— Sim, senhor!

Ele se vira por um instante. Maria então apanha rapidamente seu cântaro, enche-o novamente e se esgueira por entre o grupo de soldados, dirigindo-se a passos rápidos em direção à entrada da cidade.

Kreolus havia dado uma ordem a um dos cavaleiros e pretendia agora continuar a conversar com a jovem, mas ela já havia desaparecido. Procurando-a em volta ele vê, a certa distância, um vulto esbelto que caminha segurando o cântaro sobre o ombro. Enlevado, segue com os olhos o vulto que vai desaparecendo. Uma palavra proferida em voz alta faz com que ele desperte. Meneia a cabeça sorridente. E ordena então:

— Montar!

A ordem é proferida breve e incisivamente. No mesmo instante todos ficam de pé, guardam seus cantis em silêncio e montam. Um estribeiro segura o cavalo de Kreolus, que monta lepidamente. Atrás dele o grupo se põe em marcha. Kreolus esporeia seu cavalo, dando assim o sinal a seus homens. E os cavaleiros correm em direção à cidade…

Quando os soldados passam galopando ao lado de Maria, a donzela não ousa erguer o olhar. Timidamente, procura a beira da estrada e espera, com a cabeça abaixada, que todos tenham passado. Em seguida, perdida em sonhos, ela segue os cavaleiros.

É grande a atividade que a essa hora reina em Nazaré, com suas ruelas estreitas apinhadas de gente. O ar está novamente abafado e parece que nenhuma corrente de ar circula por entre as casas tão próximas umas às outras.

Maria prossegue quase correndo. A atmosfera naquele bairro, o quarteirão dos mercadores, o berreiro estridente dos cambistas e os mútuos insultos dos compradores e vendedores, com suas pragas e a simultânea invocação de Deus –, tudo isto é tão repugnante, que Maria acelera os passos para fugir dali.

Consegue finalmente atravessar aquele ambiente e respira fundo ao ver uma grande praça à sua frente, em breve estará em casa. Censura a si própria por sua ausência demorada. Pensa na mãe, que talvez esteja à sua espera e quiçá irritada. Entra, apressadamente, agora numa rua que termina na praça.

Quase sem fôlego chega em casa. Um aposento quadrado e espaçoso é a sala de estar da habitação e dá mostras das condições dos seus moradores. O chão é calçado com lajes, como era habitual nas casas burguesas. À direita, rente à parede, fica o fogão, para onde Maria se dirige agora. Coloca o cântaro numa mesa de madeira cheia de louça e vai logo espiar por uma abertura na parede, fechada parcialmente por um tapete. Do outro lado fica o dormitório de sua mãe. Mas não percebe nenhum movimento, certamente a mãe saíra de casa, talvez estivesse com alguma vizinha.

Maria começa rapidamente a arrumar o aposento, e em breve a louça desaparece de cima da mesa, para surgir já limpa nas prateleiras que cobrem as paredes de ambos os lados do fogão. Maria corre de um lado para o outro para pôr tudo em ordem. A intensa atividade faz suas faces corar. Acometeu-a o desejo de recuperar o tempo perdido. E desse modo chega a uma série de pensamentos que fazem com que, de repente, se detenha em sua lida.

"Pode-se, realmente, recuperar algo perdido? É possível recobrar o tempo perdido? Certamente! Agora posso trabalhar mais depressa e, assim, conseguirei terminar meus afazeres à mesma hora de ontem, quando não me demorei e não fiquei sonhando junto ao poço! Mas por que ontem não trabalhei como hoje? Também desperdicei tempo. Quanto mais não poderia ter realizado se eu trabalhasse mais depressa? Quanto tempo não me sobraria desse modo, tempo que então poderia aproveitar a meu bel-prazer?"

Maria sorri como uma criança que acaba de descobrir um brinquedo maravilhoso. "Mas eis aí a oportunidade que eu procurava!", pensa ela, cheia de felicidade.

Planos surgem em sua mente: olhando ao redor, transforma aquele simples aposento em um salão espaçoso, onde se imagina cercada de pessoas amigas, mantendo com elas palestras espirituais. Mas, de súbito, Maria se assusta, pois ouve passos que se aproximam.

"Ainda há muito tempo para tudo isso, primeiro preciso aprender, aprender muito. Alcançarei então meu objetivo e me livrarei deste círculo de pessoas que não compreendo. Que maravilhoso então será desvencilhar-me deste meio acanhado, para galgar à luz brilhante que envolve as pessoas mais elevadas e nobres. Aquelas tão beneficiadas pela sorte, para as quais não existe o vil regatear dos mercadores. Pessoas livres, que passam pela vida sem preocupação, tendo possibilidade de serem boas... Lá entre elas encontrarei respostas certas para as minhas perguntas, elas talvez falem do Supremo, como conhecedoras Dele que são."

Interrompem-se subitamente seus pensamentos, com a chegada da mãe. Apenas quando se encontra só, Maria pode dar vazão a seu anseio por um ambiente diverso, por uma vida nova, desconhecida. Diante dos outros não ousa mostrar-se assim como é na verdade. A mãe a faz lembrar do trabalho esquecido. Imediatamente reinicia a tarefa.

A mãe de Maria lança-lhe um olhar perscrutador e depois lhe dirige algumas perguntas sem importância.

— Viste os cavaleiros, os soldados romanos, que há pouco entraram na cidade?

Maria enrubesce e responde, de costas para a mãe:

— Vi um grupo de cavaleiros junto ao poço.

— E como te portaste com os estranhos?

— Ofereci meu cântaro ao comandante, para que ele se refrescasse.

— Ao inimigo? Aos romanos odiados, deste de beber?

— Sim, mãe!

Sem dizer palavra, a velha mulher dirigiu-se à mesa e apanhou o cântaro, levando-o para fora. Maria, emudecida, acompanhava a mãe com o olhar, ao mesmo tempo que os traços de seu semblante se cobriam de tristeza. Ao regressar, a velha já recobrava a calma anterior. Enquanto ela lavava as mãos, Maria lhe puxava uma cadeira e, calada, sentou-se ao lado de sua mãe, que proferiu uma oração antes da refeição.

Tomaram uma frugal refeição, sem tornar a falar nos romanos. Mas no íntimo Maria sentia dor. Encolerizava-se com o falatório dos vizinhos e decepcionava-se com o procedimento da mãe, que havia quebrado um cântaro porque fora tocado pelos lábios de um romano. E a amargura levantara-se em seu íntimo, palavras assomavam em seus lábios, mas Maria reprimiu-as, e seu semblante jovem e meigo tornou-se severo. Profundamente se abria um abismo entre mãe e filha. Um negro precipício formava-se entre elas.

Passou-se o dia para a jovem como outro qualquer: monótono e vazio. Mas esse dia estava impregnado da dor que Maria sentia profundamente por um estranho, pois, ao contemplá-lo, experimentara o pressentimento de se achar perto de uma pessoa igual àquela que em sua saudade idealizara!… E essa pessoa era um romano.

"Israel", pensava ela, "sou sangue do teu sangue, e no entanto não sinto amor por ti, não odeio os teus inimigos. És estranho a mim nas tuas ações e nos teus pensamentos, ó terra de meus pais! O que será de ti, Israel, que clamas pela ajuda do teu Senhor, e trazes culpa em teu coração? Haverá com que te auxiliar? Podem desfazer-se as cadeias que te prendem, sem que para tanto tentes dar um único passo? Consideras Roma como inimigo, quando teu inimigo está dentro de ti, escravizando-te. Odeias aqueles que representam o instrumento destinado a trazer-te a elucidação, e ajoelhas-te humildemente diante daqueles que, à espreita, esperam pelo momento de arremessar-te ao precipício!"

O cair da noite trouxe paz à alma de Maria; como sempre, após um sofrimento ela se sentia invadida por uma torrente de energia e tranquilidade. Abrindo amplamente sua alma, Maria, em tais momentos, recebia a força divina, destinada a todas as criaturas. E era com o coração cheio de pura fé que a donzela, ao sentir essa força aproximar-se, a ela se entregava.

Maria dirigiu-se ao seu quarto, usufruindo a felicidade no silêncio. Longo tempo ficou acordada no seu leito, e com o semblante transfigurado olhava o recinto clareado pelo luar. Depois, lentamente suas pálpebras foram baixando, cobrindo seus olhos brilhantes. No meio da noite despertou repentinamente, erguendo-se com um grito de dor. Mas logo lhe foi voltando a calma, que um sonho lhe tinha tirado.

Novamente despontava uma manhã radiante, tão linda que Maria estremeceu ao perceber aquela beleza. Tudo antes estava envolto na penumbra do amanhecer quando ela, muito cedo, havia deixado a cidade.

Estendia-se, diante da cidade, um velho bosque, que ninguém procurava àquela hora. O capim e os arbustos brilhavam ainda, umedecidos pelo orvalho. Os troncos das árvores apresentavam reflexos cor-de-rosa, pois róseo era o clarão que o sol espalhava. Maria, com um brilho no olhar, caminhava por entre aquela maravilha. Tinha tirado o lenço que cobria a cabeça, e a luz resplandecia em seus cabelos. Uma pequena serpente brilhante deslizou rapidamente pelo chão escuro do bosque e Maria deu um sorriso. Escutava os pequenos cantores das árvores e fez para eles um gesto de aplauso, mostrando-se satisfeita com a arte dos passarinhos como se tudo aquilo tivesse sido organizado apenas para ela. Da noite para o dia o mundo se tornara mais lindo, mais maravilhoso do que até então. E também de repente Maria havia desabrochado, igual a uma flor indizivelmente pura e rara. Caminhando assim pelo bosque, parecia como se fosse um dos primeiros seres humanos, imbuídos do mais puro querer.

Foi assim que Kreolus a viu.

Um forte liame prendia-o a Nazaré. Era-lhe impossível deixar a cidade sem rever Maria. Todo agitado, ele havia percorrido as ruas de Nazaré, mas não encontrava aquela que procurava. Kreolus não conseguia conciliar o sono; interminável parecia-lhe a noite. Ao raiar da aurora, ergueu-se do leito e rumou para o portão da cidade, percorrendo as ruelas ainda desertas. Subitamente estacou, como que tolhido. Por uma das ruelas laterais vinha uma mulher com o semblante velado. Aquele porte, aquele andar… Não era possível que se enganasse! Cautelosamente, tanto quanto lhe permitiam suas pesadas botas, pôs-se a seguir Maria. Desnecessários, porém, eram seus cuidados, pois a donzela dirigia-se pressurosamente em direção ao portão da cidade sem olhar para trás, como se dela quisesse fugir.

Chegando ao portão, Maria trocou com o guarda algumas palavras a meia voz. Este, reconhecendo-a, entreabriu uma pequena porta que havia na muralha e a deixou sair.

Logo em seguida Kreolus foi até o guarda, que, ao ver o comandante romano, se assustou. Receoso, tentou desculpar-se, presumindo que o romano tivesse notado sua falta ao dever e viesse chamá-lo à ordem. Mas este acenou-lhe num gesto negativo, e o judeu suspirou aliviado. E, saltando para a pequena porta, abriu-a servilmente para dar passagem ao romano.

Kreolus mantinha-se a certa distância de Maria; ela, porém, não tomara o caminho que levava ao poço. E ele seguiu na mesma direção. A pequena distância havia um bosque. Seria para lá que a donzela estava se dirigindo? O coração de Kreolus batia forte, sua esperança inflamava-se.

O bosque, qual uma promessa, erguia-se à sua frente. Lá ele poderia falar-lhe sem ser importunado e sem ouvintes que ferissem seus sentimentos. Subitamente, porém, estacou, pois, de longe, uma advertência tocou-lhe o coração:

"Quem és tu, para ousar intrometer-te na vida desta pura donzela? Hoje está em tuas mãos trazeres felicidade ou infelicidade a uma criatura. Tolo, tu não estás em condição de poder dar felicidade a esta criatura, pois pertences a Augustus, e não a ti próprio! Não deves aproximar-te dela!"

Bruscamente Kreolus estacou. Não, ele não queria seguir mais adiante. Precisava voltar. Nesse instante, Maria, ao sentar-se no chão macio de musgo do bosque, virou simultaneamente a cabeça. Kreolus aguardava que Maria desse um sinal visível de seu espanto, mas nada aconteceu. Apenas uns olhos de criança, límpidos e muito abertos o fitavam, era um olhar inquiridor e confiante.

Inconsciente, ele foi se aproximando lentamente de Maria, como se isso fosse algo grandioso e inevitável. Seus olhos pousaram nos olhos da donzela; doce e meigo tornou-se seu olhar. Foi de ternura o primeiro sentimento de que teve consciência. E, então, encontrava-se diante daquela que estava sentada e ele olhou para baixo, para sua fronte, que agora estava bem inclinada. Ajoelhou-se, depois, a seu lado, tomou-lhe as mãos e esperou longos momentos antes de falar.

A voz abafada que quisera despertar sua consciência tinha sido esquecida; esquecidas também as mil considerações de seu raciocínio; esquecido o fato de ser ele comandante do imperador. Ali estava agora apenas um homem, cujo grande amor o fizera esquecer de tudo.

E o velho bosque fechou-se para tudo o que pudesse perturbar aquela hora sagrada. Tremendo e estremecendo intimamente, Maria olhava a mão queimada pelo sol que apertava a sua. Tudo era como um sonho, cujo despertar ela temia. Seus olhos buscavam os dele, e o amor que daí irradiava fê-la estremecer.

— Maria!

Suavemente, como um sopro, a voz dele sussurrava-lhe ao ouvido. Algumas pesadas lágrimas, lágrimas resplandecentes caíram então na mão de Kreolus. Ele aconchegou-a, proferindo suaves palavras tranquilizadoras, ao mesmo tempo que uma dor indescritível ameaçava sufocá-lo. Em seu íntimo levantavam-se novamente as velhas preocupações; pensamentos irremovíveis apontavam o seu lugar. Acariciando Maria e conservando uma calma aparente, debatia-se intimamente numa dor atroz.

"Devo deixar-te e não posso", torturava-se. "E prendendo-te, Maria, tua vida se tornará uma cadeia de preocupações e de desassossego. Sou um errante acossado deste para aquele campo de batalha, de um lugar para outro. Sempre o chicote está atrás de mim. Em torno de mim soa continuamente um único conceito: Dever! Dever! Tens de obedecer! Um soldado tem uma namorada em cada cidade… realmente, levas uma vida alegre, ó soldado!"

Teria percebido, Maria, os seus pensamentos? Enxugando as lágrimas, afastou-se dele.

— E quando deves partir?

— Hoje mesmo, Maria, mas voltarei em breve!

— Bem-amado, sim, volta logo! Ouve: a toda hora, todos os dias, esperarei por tua volta; a cada minuto, esperarei sempre…

— Maria! Tu… eu… Ele escondeu a cabeça no colo dela… Lentamente os olhos de Maria se fecharam, sua mão deslizou com suavidade pelos cabelos de Kreolus e um sorriso perdido brotou nos lábios dela. Sorriso que se desvaneceu depois que ele partiu.

Com pesar a jovem Maria passava os dias. Existe um amor sem esperança? Ao despertar de cada manhã, Maria sentia uma tênue esperança agitar-se e desenvolver-se em seu íntimo, esperança que se desfazia com o pôr-do-sol. Seu coração batia forte quando via soldados entrarem em Nazaré, e frequentemente se sentia impelida a indagar por Kreolus, a um dos romanos. Mas a timidez e o pudor cerravam seus lábios.

Nessa época chamou-lhe a atenção a atitude de José, um carpinteiro habitualmente muito retraído, o qual, sempre que aparecia uma oportunidade, se aproximava dela com atenções.

Fazia tempo que ela o conhecia e lhe queria bem, por seu modo de ser sereno e objetivo. Até então ele nunca tentara remover os limites que os separavam, sequer com uma palavra. Mas agora se tornava diferente. José insistia, buscava pretextos para falar com a mãe de Maria na casa dela e cumulava Maria com gentilezas, as quais ela, de início, recebia calmamente. Até que certo dia lhe fez um pedido que a assustou profundamente. José pediu a Maria que consentisse em ser sua mulher.

— José, queres que eu seja tua esposa? foi o que ela respondeu admirada.

— Sim, Maria. Já o indaguei antes a tua mãe, e a ela satisfazem os meus rendimentos. Quero trabalhar por ti, Maria. Hás de te sentir bem como minha mulher e... eu te amo!

Maria recuou.

— José, disse ela pesarosa, tu não sabes o que pedes!

Com essas palavras retirou-se, deixando o recinto em que se encontravam. Em seu aposento, prostrou-se sobre o leito.

— Eu não posso! proferiu num gemido. Compadece-te de mim, ó Senhor!

Nesse instante baixou uma mão suave sobre a fronte de Maria, abençoando-a, e um estremecimento bem-aventurado perpassou aquela que acreditava estar desamparada. Em seus traços transfigurados resplandeceu a antiga pureza. E pareciam apagadas as marcas de receio e de dúvidas do seu semblante.

"Senhor!", orou profundamente comovida. "Tu não me abandonaste. Tu me abençoaste enquanto eu apenas tinha uma tênue esperança! Tu encheste minha alma e te lembraste de meus anseios. Senhor, se é verdade que me concedes tão grande graça, se assim devo entender, então quero doravante ser alegre e consolada, e servir-te eternamente! Amém."

E lentamente caiu uma névoa suave sobre aquela que estava ajoelhada, envolvendo-a cuidadosamente e tirando-lhe a noção das coisas que a cercavam. Maria viu então uma figura luminosa que dela se aproximava promissoramente. Grandiosas e sublimes eram as palavras do anjo, e encheram a alma de Maria de felicidade. Ardia ao longe uma Luz brilhante, semelhante a uma chama, que atraía de modo irresistível e cuja proximidade ela julgava não poder suportar. Mesmo assim Maria se conservou imóvel, enquanto se aproximava dela aquela Luz. Então, foi acometida por uma forte vertigem, desmaiando.

Ao despertar, Maria ergueu-se com esforço. E veio-lhe então a lembrança do que sucedera, e seu semblante resplandeceu. Jorraram-lhe lágrimas pela face, quais tormentas desencadeadas, enquanto sorria de modo enternecedor…

Maria estava como que transformada. Já não era a Maria infantil de outrora. Não. Segura e calma, com uma admirável convicção, ela passava os dias. Não notava os olhares admirados que a seguiam, já não os sentia mais, parecia ter perdido o receio disso. A vida era-lhe leve, lindos eram seus dias, aproveitadas todas as horas que passava pensando na criança. Lembrava-se de Kreolus sem receio e sem amargura. Em seu coração só havia lugar para o amor. Tinha em seu íntimo a certeza de que tudo estava bem como estava, e bem permaneceria. Maria sentia-se forte, forte bastante para renunciar a Kreolus, para o bem de seu filho!

A mãe de Maria, de início, ao notar o desabrochar de sua filha, sentiu-se como que libertada de um peso.

Com medo e preocupação, vinha observando o visível sofrimento de Maria.

"São caprichos!", dizia consolando a si própria. "Maria tem muito tempo livre e isso facilmente a leva a pensamentos tolos! O melhor a fazer seria confiá-la a um homem direito, pois assim rapidamente lhe passariam tais caprichos. Hei de falar-lhe."

Apesar disso, sempre que tentava falar com Maria sobre esse assunto, não conseguia completar uma frase; perdia o fio do assunto. Alguma coisa havia que lhe impunha silêncio. E assim decorreram algumas semanas…

José, nesse meio tempo, não desistira do seu intento; amava Maria e ansiava por fazê-la sua esposa. Maria, entretanto, nada percebia e vivia sua própria vida. Seus desejos já não se dirigiam a outros círculos; já não sonhava com um mundo grandioso e resplandecente. Todos seus pensamentos tinham um único alvo: ser tudo para seu filho.

Dúvidas e preocupações tinham ficado para trás. Maria vivia seu tempo mais feliz. Sentia o coração leve e pairava acima de tudo, como uma alma rumo às alturas. Esse estado de coisas, entretanto, terminou um dia bruscamente.

As palavras de sua mãe atingiram-na em seu ponto mais sensível, como se fossem duras marteladas, quando lhe perguntou por que motivo se recusava casar com José.

Profundamente assustada, Maria reagiu. Podia esperar tudo, menos isso: ser obrigada a confessar o motivo de ter recusado José! Já se preparava para, corajosamente, contar toda a verdade à mãe, quando esta lhe cortou a palavra com algumas frases ditas com indiferença. Isso acalmou Maria, até que pouco a pouco sua mãe, aparentando tranquilidade, relatou-lhe a história de uma jovem, que a si própria e a seus velhos pais cobrira de vergonha.

— Maria, é duro uma mãe sofrer por causa de sua filha, é duro, por não poder suportar ver sua filha desprezada.

— Este sofrimento, querida mãe, é causado, porém, pelos próprios pais e pelas próprias moças, por faltar-lhes a dignidade e a altivez para encarar convenientemente as pessoas que pretendem desacreditá-las.

— Criança, tu desconheces a vida. Um só indivíduo, isolado, não poderá derrubar as leis.

— No entanto deve haver uma pessoa que abandone esses caminhos errados, a fim de que não corram todos cegamente para a perdição!

— Maria! Chamas nossas velhas e sagradas leis de caminhos errados?

— Não as leis, mas sua interpretação. Sim, essa é errada. Os indivíduos obstruíram para si próprios os caminhos que os conduziriam para fora desta confusão, rumo à Luz. Impetuosas, essas palavras jorraram dos lábios de Maria, que lutava exaltada em prol de sua causa.

— É grande o sofrimento que me causas, minha filha. Aí está, é dessa maneira que recompensas o amor e o sacrifício de tua mãe. Sangra-me o coração te ver assim, e espero a todo o momento receber de ti o golpe que me matará!

— Mãe!

Maria achegou-se à velha mulher ali sentada tristemente, aflita e perturbada em sua dor. Mas a mãe não a encarou e desatou num pranto interminável. Maria então retirou-se.

Seguiram-se lutas. Maria defendia o que lhe era mais sagrado dos renovados ataques que sofria depois da discussão que tivera com a mãe. Perseguiam-na pensamentos tormentosos. Passava parte das noites em claro, procurando inutilmente recobrar a calma e recuperar a certeza da imensa felicidade que havia encontrado. Mas o resultado eram dúvidas, dúvidas ainda maiores que a atormentavam, dúvidas sobre si própria.

"Teria sido então um simples sonho o que me tornou assim bem-aventurada e que me fez esquecer tudo, até minha mãe? Por que não consigo recuperar minha calma? Oh, meu filho, se de ti zombarem os homens! Não suportaria ver fazerem insinuações baixas e vis a teu respeito, ver tua infância envenenada por pessoas grosseiras."

Pela face de Maria deslizaram pesadas lágrimas, gravando as primeiras linhas de dor em torno de seus jovens lábios. Mas subitamente ela parou de chorar.

"Tua dor é igual àquela que tua mãe presentemente está sofrendo por tua causa!"

Fora uma pessoa que exclamara essas palavras? Trêmula, Maria ergueu-se, deixou silenciosamente seu quartinho e entrou na sala de estar. Dirigiu-se até a abertura da parede, atrás da qual sua mãe descansava em seu aposento. Com o ouvido atento, Maria encostou a cabeça no reposteiro pesado e cerrado.

Não é que chegava ao seu ouvido um soluçar reprimido? Maria entreabriu a cortina, e o quadro com que se deparou cortou-lhe o coração. Sua mãe, em profunda e fervorosa oração, repetia sempre o nome de Maria. Cerrando novamente o reposteiro, Maria permaneceu alguns minutos com a cabeça recostada à parede e com os olhos fechados. Depois, com passos pesados e lentos, retornou a seu quarto.

Sentia um peso sobre ela. Quebrara-se sua coragem e energia; Maria antevia o caminho sombrio que daí por diante deveria trilhar. Um caminho que lhe parecia tão interminável, tão cheio de embaraços, que se sentiu apavorada. E abriu-se à sua frente uma funda sepultura, onde Maria depositou todos os seus sonhos, tudo o que lhe era caro. Com o semblante estarrecido, Maria fitou aquele jazigo, onde tudo que lhe era próprio deveria ser enterrado para sempre. E assim permaneceu até raiar a manhã. Ergueu-se, então, encaminhando-se com passos arrastados para seus afazeres.

A pesada opressão que afligia Maria parecia perpassar todo o aposento. As horas escoavam com indizível lentidão para Maria. Finalmente chegou o momento aguardado. Encobrindo o semblante com o lenço que lhe envolvia a cabeça, Maria deixou a casa e, caminhando rente às paredes, foi procurar José.

Durante o trajeto o seu pobre cérebro martirizado não conseguiu formular uma só ideia. Aqueles olhos habitualmente tão brilhantes pareciam agora mortos e vazios. Era grande o vazio que se formara também em seu íntimo, e inconsolável a solidão que ela parecia suportar. Apenas um soluçar sem lágrimas saía-lhe do peito.

Logo Maria alcançou a casa de José, que até bem pouco tempo era cuidada pela mãe dele. Desde que ela falecera, a casa necessitava de uma mulher que cuidasse de sua manutenção. Em qualquer outra situação, Maria imediatamente teria notado o desleixo da casa, que já se tornava perceptível. Nessa ocasião, entretanto, nada percebeu. Não viu sequer as servas que tagarelavam no pátio, negligenciando os trabalhos, nem os olhares de espanto e o falatório que se formou às suas costas.

Insensível ao que se passava exteriormente, ela dirigiu-se à oficina que ficava atrás da residência. Ao vê-la na soleira da porta, José, admirado, encaminhou-se para ela.

— Maria? disse ele embaraçado, e apressou-se em tirar o grande avental, alinhando depois a negra cabeleira. Notou, então, alguma coisa; os traços de Maria estavam como que petrificados.

— Vem, disse apenas, segurando-a pelo braço, eu te conduzirei a casa, Maria!

Automaticamente, ela deixou-se levar.

As servas seguiram-nos com olhares expressivos, depois se dirigiram à oficina, desfazendo-se em risada tão estridente, que atraiu a curiosidade dos auxiliares de José.

— O que tendes? Por que estais rindo tão alto?

Uma delas, afinal, serenou-se.

— Não a vistes, então? Maria, a nova senhora? Oh! Deveríeis ter visto como ela passou por nós sem nos presentear com um olhar sequer, como se fosse uma princesa e nós apenas ar! E a ela é que o pobre José quer desposar, a ela, uma princesa delicada demais para mexer uma das mãos!

— Cala-te, imbecil! gritou-lhe um dos mestres da oficina.

— Ora, também vós vos deixastes transtornar por ela? Como ela sabe endoidecer-vos, às vossas cabeças ocas!... E de novo as servas desataram em ruidosas gargalhadas, lançando olhares furiosos aos auxiliares de José, que calmamente se puseram a trabalhar. Um deles, apenas, permaneceu diante delas:

— Cuidai de vós próprias e de vossas línguas ferinas, do contrário, em breve, já não mais podereis permanecer nesta casa. Após essas palavras, ele também lhes voltou as costas e dirigiu-se à sua mesa de trabalho.

— Nós iremos de qualquer maneira, logo que Maria venha morar aqui. Não viveremos sob o mesmo teto com uma mulher dessas!

Como os auxiliares de José não lhes responderam nada, retiraram-se da oficina, rindo furtiva e maliciosamente.

Maria, nesse ínterim, encontrava-se no cômodo principal da habitação de José. Este a observava silenciosamente; o aspecto dela, de certo modo, o magoava.

"O que a terá trazido até aqui? Será que quer participar-me seu consentimento? Seria estranho... Está sentada aí como se estivesse a descansar de uma caminhada fatigante. Certamente vem agora me tirar a última sombra de esperança", pensou José, entristecendo-se.

— Maria, não queres dizer-me a que vens? Não fiques assim tão imóvel como se guardasses em ti uma imensa dor.

— Trago comigo um sofrimento e uma grande vergonha, José; venho a ti, hoje, como suplicante, pois tu és o único que podes me ajudar.

— Já uma vez te assegurei de que farei tudo o que estiver ao meu alcance para ajudar-te. Eu te amo, Maria, e quero-te para dona de minha casa, agora tão solitária. Com o teu sim, haverás de tornar-me feliz.

— José, não posso te dar este sim antes que saibas de tudo. Talvez, então, te arrependas de me teres falado como fizeste.

— Jamais, Maria!

— Ouve, então, e não te levarei a mal se depois não me quiseres mais.

— Não fales desse modo, Maria! respirava com dificuldade, pois pressentia algo de grave!

Maria animou-se, estava reunindo todas as suas energias.

— Ouve, José: quando me procuraste pela primeira vez, eu não vivia ainda neste desalento. Já pressentia então a felicidade que para mim estava destinada. Dei a um outro homem todo o meu amor, mesmo sabendo que não poderia prendê-lo. Isso me atingiu como uma tempestade e me abandonou com igual rapidez. Uma coisa apenas me restou: a esperança em relação a meu filho. José, é por causa dessa criança e de minha velha mãe que estou aqui. Nada peço para mim!

José ergueu-se e dirigiu-se até a janela. Maria baixou a cabeça. Reinava silêncio no amplo recinto. A rigidez que tolhera Maria desfez-se, e agora ela chorava baixinho.

José lutava intimamente. Tinha dois caminhos a escolher: retroceder, ou contentar-se em desempenhar o papel de pai e marido. Maria nem sequer ocultara que não o amava. "Pobre Maria." José sentia sincera comiseração. Mais uma vez consultou seu íntimo e depois se dirigiu a ela, ficando assustado ao ver que ela estava chorando.

Cautelosamente, pousou a mão pesada e desajeitada na cabeça dela. Maria resvalou do assento baixo e ficou meio ajoelhada, enquanto o soluço reprimido fazia o seu corpo tremer.

José não a perturbou, apenas lançou um olhar tristonho àquela a quem quase não reconhecia mais. Que teria acontecido com sua altivez, com seu orgulho, que ele tanto admirava? Desfizera-se pelo temor que ela sentia dos seres humanos, que haveriam de fazer sua mãe e seu filho sofrerem. De alguma maneira José chocou-se ao vê-la assim entregue ao desalento. Mas, ao mesmo tempo, despertou nele uma força poderosa. Estava disposto a cuidar dela.

José ergueu-a do chão e conduziu-a para um leito coberto de peles. Sentando-se a seu lado, foi proferindo palavras cheias de bondade, que fizeram Maria acalmar-se e tomar a mão dele, num gesto de gratidão.

Foram juntos falar com a mãe dela, logo em seguida. Maria chegou até a sorrir um pouco, julgando que tudo estivesse arranjado, ao notar o reflexo de calma interior espelhado no semblante de sua mãe.

Sim, aparentemente tudo agora estava bem. Punha-se um véu sobre tudo o que havia sucedido; mas isso não conseguira eliminar o que tinha acontecido. Um silêncio de morte começava agora a invadir Maria. Não fora seu estado, que a fazia pensar continuamente em seu filho, e talvez mesmo a Kreolus teria esquecido.

Assim, porém, essa dor surda era a única coisa que ela sentia. E por vezes um pensamento relampejava em seu cérebro, tornando-a feliz por várias horas.

"Se ele voltasse! Oh! Se o visse algum dia! Tudo então estaria bem. Bem o sinto, e sei que ele voltará. Não disse ele que em breve voltaria? E não posso então confiar em sua palavra?"

Assim Maria passou os dias do curto período que antecedia o dia do casamento, numa inconsciente expectativa de libertação.

À medida que se aproximava o dia do casamento com José, se evidenciava cada vez mais a ansiedade cheia de esperança nos traços do seu semblante. Era como se lhe voltasse o antigo desabrochar, a ponto de sua mãe, cada vez mais admirada, finalmente acreditar que Maria sentisse amor por José.

E assim chegou a véspera do casamento. Ao cair da noite, apagou-se o brilho febril nos olhos de Maria. Dirigiu-se, entorpecida, ao quarto, impedindo a entrada da mãe.

— Deixa-me, mãe, hoje quero estar só!

Meneando a cabeça, a mulher dirigiu-se a seu quarto.

Maria atirou-se em seu leito, sem tirar as vestes. Permaneceu longo tempo deitada, imóvel e com os olhos cerrados. A luz pálida da lua dava uma expressão sombria a seu semblante. Seus olhos estavam afundados nas órbitas. Maria sentia um esgotamento sem limites...

Depois de muito tempo, levantou-se, e com olhar inexpressivo fitou o espaço à sua frente. Depois se ajoelhou, inclinando o corpo até pousar a fronte na beira do leito. Maria procurava um apoio. Precisava encontrar um esteio. Naquele entorpecimento sentia o frio que a envolvia. Era frio o que emanava de sua mãe, cujos cuidados por ela se restringiam apenas a exterioridades. E entre ela e José existia uma muralha erguida por ela própria que o fazia recuar assustado.

Tampouco a compaixão profunda de José lhe trazia calor. Uma vez mais irrompeu a imensa saudade de Kreolus, acometendo-a como um furacão, despertando e agitando tudo o que já estava adormecido. Então reinou calma. Angustiada, Maria ouviu seu íntimo. A calma que se seguiu à tempestade, que acabava de se abrandar, paralisou seu cérebro.

Não conseguiu formular uma prece, pois, novamente, avistou uma grande Luz cintilante, que se aproximava dela com a rapidez de um relâmpago! Maria aguardava, tomada de medo; com as mãos comprimidas ao peito, via aproximar-se cada vez mais aquilo que reluzia com intenso fulgor.

No momento em que a Luz a atingiu, traspassou-a e inflamou-a, dando-lhe a sensação de estar sendo consumida. Perdendo os sentidos, Maria caiu para trás, ficando alguns minutos nesta posição. Incapaz de mover-se, sentiu de modo intenso e forte a presença da Luz que, agora, também habitava nela.

"Sagrada é a vida que carregas em ti, Maria! Também em ti perflui agora a força da Luz. Mantém puro e límpido o receptáculo em que foi derramada a força do Espírito Santo, para que ela possa iluminar-te e para que reconheças a graça que te coube."

De onde vinham aquelas palavras? Como um orvalho abençoado, essas palavras caíram na alma sedenta de Maria. Parecia que no recinto vibravam cânticos de júbilo. Maria ouviu esses cânticos, e então caiu a venda que tapava seus olhos. Maria viu tudo, viu todos os emissários da Luz que formavam o séquito do Filho de Deus. Humildemente, e mesmo assim transbordando de júbilo, Maria recebeu tudo como que extasiada. O céu lhe estava aberto. Ela, a humilde donzela, fora escolhida para ser mãe de um Filho, que trazia em si a bênção do Pai!

Suavemente os acordes celestiais foram se extinguindo, e silenciosa tornou-se a pequena alcova, enquanto Maria imperceptivelmente caía num sono brando e suave.

Era cedo ainda quando, na manhã seguinte, a mãe de Maria entrou no quarto da filha. Ao constatar que Maria estava deitada sobre o leito com as vestes do dia anterior ficou espantada. E ficou presa em sua garganta a saudação matinal que pretendia dirigir a Maria. No entanto, ao contemplá-la adormecida, sentiu-se preenchida por uma espécie de enternecimento. "Serás dentro em breve a esposa de um homem. Estás para deixar-me, e então não mais compartilharei de tua vida. Terei agido certo impelindo-te ao casamento? E se for apenas um engano, se estiver enganada a minha suposição? E se eu estiver te forçando a agir contra tua vontade, minha filha! E por que nunca falei com ela a esse respeito? Por que Maria foi sempre tão retraída? Seria minha culpa?", pensativa, ali permanecia a mãe.

Nisso a filha começou a agitar-se. De seus lábios brotou um sorriso como a mãe jamais havia visto. Depois sussurrou:

— Meu filho...

A mãe de Maria quedou-se imóvel, estarrecida. O pavor desfigurou seus traços.

— Pois então! escapou-lhe dos lábios. Razão tinha eu! A raiva lampejou em seu íntimo, e ela avançou um passo em direção a Maria. Ela queria ter certeza!

Nisso, Maria despertou completamente. Assustada, ergueu o olhar para sua mãe, baixando-o em seguida, e, notando que não despira as vestes, suas faces cobriram-se de rubor.

— Pareces ter estado muito cansada para que deitasses assim!

Maria notou o tom ameaçador que as palavras de sua mãe encobriam.

— Devo ter sido acometida de alguma fraqueza, disse ela baixinho.

— Uma fraqueza? Ora, isso não é raridade alguma!

Maria pousou o olhar fixamente nos olhos da mãe, depois se levantou e disse-lhe, com tom firme:

— Hoje é o dia das minhas núpcias. A partir deste dia não mais terás preocupações de espécie alguma, minha mãe. Hoje abdicas de tudo, em favor de José. Fizeste-o espontaneamente; com isso concordei. Não permitas, pois, que as últimas horas sejam destinadas para exigir explicações de minha parte. Não receies por mim, tudo está bem arranjado.

Depois começou a se despir.

— Vai, minha mãe. Quero agora me vestir e me preparar.

A mãe retirou-se sem retrucar, sentindo-se mesquinha diante da calma, cheia de dignidade, de sua filha. "Creio que será melhor assim", pensou.

Logo depois chegaram os amigos que haviam sido convidados a participar da festa. José parecia embaraçado e nervoso. Todos esperavam ansiosos por Maria. Quando ela finalmente entrou no aposento, envolta em vestes brancas e ondulantes, fez-se um silêncio absoluto. Havia nela um certo quê de intangível, e a todos ela pareceu distante.

Comovido, José olhava fixamente para ela. O pensamento de fazer Maria sua esposa lhe parecia ousado demais.

Chegara finalmente o dia almejado, ele havia conseguido seu objetivo e, agora, sentia medo. Então era aquela a criatura que ele pretendia amparar? Maria dirigiu-se a ele, como se quisesse encorajá-lo, e, em silêncio, estendeu as mãos a José. Seu olhar límpido e sereno pousou nos olhos daquele homem que estava estimulado pelo desejo de auxiliá-la. Aos poucos, as pessoas ali presentes foram se animando. Estavam prontos.

Quando mais tarde Maria se recordava do dia de suas bodas, sentia novamente a calma que naquele dia lhe adviera. Sua vida decorria sem distúrbios. José fazia tudo para poupá-la.

Quando o estado de Maria se tornou visível, não faltaram a ele horas amargas. As alusões que lhe dirigiam, ora ditas sem malícia, ora por zombaria, e até encobrindo frequentemente um tom espreitador, tinham para ele o efeito de alfinetadas. José começou então a evitar sair à rua, e, receoso, cuidava para que Maria saísse de casa raramente. Temia que ela ouvisse tais falatórios. Durante o dia, enquanto trabalhava, mantinha-se silencioso e concentrado. Dominavam-no pensamentos sombrios, que o atormentavam. Quando, porém, sentia os olhares dos seus auxiliares pousarem nele, tentava mostrar-se alegre, cantarolando baixinho alguma canção que subitamente interrompia.

Assim que entrava em sua casa, porém, desfazia-se tudo o que o atormentava. Jamais seu lar fora tão acolhedor como agora que Maria cuidava dele. Quando sentava diante dela, para tomar as refeições, sentia sempre de novo uma profunda sensação de paz.

"Como sou feliz", pensava então José. "Devo em todos os momentos dar graças por poder chamá-la minha mulher."

Seu amor era destituído de qualquer sentimento de cobiça. Jamais tentava se aproximar de Maria. Ele colocava sua esperança toda num porvir distante. José respeitava Maria. Evitava falar-lhe do futuro, como se isso pudesse perturbar sua tranquilidade. E assim o tempo decorria...

Certo dia, emissários imperiais começaram a percorrer o país. O imperador havia ordenado um recenseamento de seus súditos. Deveria, cada qual, dirigir-se à sua cidade natal para apresentar-se lá ao respectivo governador. Ao receber a notícia, José assustou-se. Seu primeiro pensamento foi para Maria, que esperava o seu filho para breve. Era-lhe impossível empreender a viagem nesse estado. Deveria então deixá-la sozinha e partir?

José foi ao encontro de Maria. Parou na soleira da porta e pôs-se a observá-la. Lá estava ela sentada, cantando baixinho uma simples melodia, enquanto suas mãos costuravam roupinhas para o filho.

— Maria!

Ao ouvir a voz de José, ela ergueu rapidamente um olhar interrogador em direção à porta.

— Maria, tenho algo a te dizer. Não te assustes, mas tenho que te deixar sozinha.

— Deixar-me sozinha? Agora?

— Não há outro meio. Sou forçado a partir para Belém, minha cidade natal, devido ao recenseamento que agora se realiza; assim quer o imperador. Tu não podes empreender essa viagem agora, seria para ti um esforço demasiado grande.

— José, eu partirei contigo. Não posso ficar aqui sozinha!

— Tua mãe cuidará da casa e será um apoio para ti.

— Não posso, José, não poderei ficar sem ti, a não ser que não queiras que te acompanhe!

José animou-se ao notar o desamparo de Maria. Ela precisava dele, não podia prescindir de seu auxílio. Pois bem, viajariam juntos para Belém.

— Era só em ti que eu pensava, Maria, ao fazer-te tal proposta. Mas aprontarei tudo com boa vontade, para que tenhas um pouco de comodidade. Temo apenas que ainda assim seja um esforço demasiado para ti.

Maria sentiu verdadeiro alívio ao ouvir seu consentimento. Assustara-a o pensamento de ter de passar as últimas semanas em companhia da mãe, a quem havia visto poucas vezes desde que se casara. Apegara-se sem sentir a José, cujo amor e bondade lhe proporcionavam sossego; sossego que tanto almejava para seu filho. E a mãe era quem sempre de novo turvava essa harmonia, essa paz.

— Não me será difícil suportar a viagem, José, pois para mim basta estar a teu lado, disse Maria afetuosamente. Estas palavras compensaram José por tudo. Tornaram tão feliz aquele homem simples, que ele se aproximou de Maria e desajeitadamente lhe acariciou a fronte. Ela, por sua vez, tomou aquela rude mão e aconchegou-a em sua face.

A viagem a Belém trouxe para Maria uma grande série de incômodos. Como estavam agregados a uma caravana, viam-se forçados a prosseguir ininterruptamente, sem poder levar em consideração o estado de Maria.

O casal tinha de repousar em estalagens superlotadas. E, várias vezes, levavam dias para encontrar pouso em míseras cabanas, onde Maria se deitava profundamente esgotada, num leito deplorável. Quando, por fim, cerrava as pálpebras ardentes, custava-lhe conciliar o sono. Somente ao se aproximar a hora de partirem novamente, vinha-lhe um sono leve e agitado.

E mesmo assim ela prosseguia contente, sorrindo para José que caminhava a seu lado, segurando o burrico que ela montava. Ele não deveria suspeitar como a viagem se tornava penosa para ela; não deveria sobrecarregar-se com novas preocupações por causa dela.

Finalmente se aproximavam de Belém; estavam por alcançar seu destino. O sorriso de Maria tornou-se espontâneo. Belém haveria de recompensá-la por todas as dores suportadas.

José tornou-se visivelmente mais vigoroso, e mais firme era o seu passo.

— Logo, disse ele, erguendo o olhar para Maria, logo irás descansar. Procurarei para ti a melhor hospedaria, onde encontrarás o aposento mais amplo e o leito mais macio.

Maria sorria comovida.

— Bem sei que tudo farás para alegrar-me, e eu te agradeço.

Nesse ínterim chegaram a Belém. A pequena cidade parecia estar repleta de forasteiros, e José corria de uma hospedaria a outra. E cada vez mais seu semblante se entristecia e mais desalentado era seu encolher de ombros, sempre que retomava as rédeas do burrico para conduzi-lo adiante.

Finalmente, depois de receber por toda a parte a mesma resposta negativa, José ouviu um grito abafado atrás de si. Virou-se rápido, ainda a tempo de poder amparar Maria que caía desmaiada. José olhou em redor, procurando auxílio. Viu então um homem acorrendo da casa que ficava em frente de onde estavam parados. Este homem havia presenciado o que se passara.

— Conduze tua mulher à minha casa, José ben Eli!

José fixou o olhar naquele homem já idoso, e exclamou cheio de alegria:

— Levi! Amigo de meu pai, eu te agradeço!

Carregando Maria nos braços e seguido por Levi, entrou na casa. Com muito cuidado deitou Maria num leito que Levi lhe indicou. Logo veio uma serva que se pôs a cuidar da desfalecida. Silenciosamente os dois homens abandonaram o aposento. Emocionado, José apertou a mão do velho amigo de seu pai.

— Há horas estamos procurando um abrigo. Em parte alguma encontramos sequer um lugar. Nenhum dos velhos amigos pôde acolher-nos, e, quando já estávamos extenuados, o céu nos conduziu à frente de tua casa!

— É prematuro o teu regozijo, José. Também eu não posso te dar guarida. Hoje mesmo chegarão meus filhos, que ocuparão os últimos lugares vagos.

— Não podes nos acolher? Não tens lugar para nós? Precisas ter Levi! Minha mulher está em estado avançado de gravidez e morreria se não encontrasse repouso. Deve haver um canto qualquer em que ela possa repousar.

Levi, o ancião, meneou a cabeça, e depois disse:

— Se te contentares com um lugar no meu estábulo de carneiros...

— Com satisfação, Levi. Oh! É indiferente onde for, basta que ela encontre um lugar onde possa repousar.

— As ovelhas estão nos campos; talvez possais acomodar-vos lá, se sois modestos...

— Obrigado, Levi, obrigado! Gostaria de poder ir imediatamente até lá, para poder dar uma arrumada em tudo. Há de nos parecer um palácio, pois estamos tão cansados!

Levi ergueu-se prontamente.

— Vem, eu te conduzirei até lá. No entanto temo que... E o fim da frase ficou um murmúrio incompreensível.

José seguiu o ancião; estava satisfeito e, diligentemente, começou a limpar o estábulo. Procurou pôr tudo mais ou menos em ordem.

O que ele havia encontrado não era a mais bela estalagem da cidade nem o mais amplo aposento. Era apenas um estábulo de carneiros, vazio, acanhado e anguloso. De tudo que sonhara, tinha restado apenas um leito duro de palha, mas mesmo assim pareceu perfeito a José. Encontrara, para sua mulher, um lugar onde poderia descansar por um ou dois dias no máximo. Conseguiria, então, encontrar uma hospedaria onde poderiam alojar-se... E, consolando-se com tal esperança, foi ao encontro de Maria.

Raios prateados de luz penetravam pelas janelinhas do estábulo. Trêmulos, cortavam o recinto escuro, espalhando-se pelo chão acidentado e pelas manjedouras – de onde pendiam escassos fios de feno –, até chegarem finalmente ao vulto de Maria adormecida.

Um suspiro, um leve gemido, partiu dos lábios de Maria. Depois, um estremecimento percorreu seu corpo e ela despertou. O sono de poucas horas fora profundo e sem sonhos. Como se fosse uma mãe cuidadosa, o sono envolvera a jovem extenuada, fazendo-a esquecer de tudo. No primeiro instante, Maria não reconheceu o lugar em que se encontrava. Só aos poucos foi se recordando de que se achava em Belém, num estábulo, e dirigiu o olhar em direção às duas janelinhas, pelas quais agora jorrava efusivamente aquela luz prateada. Maria estava completamente desperta, livre daquele cansaço paralisante que havia sentido durante toda a viagem.

Sentiu, então, uma dor intensa, igual a que a fizera despertar. Seus lábios se abriram, como se quisessem soltar um grito, mas, lançando um olhar angustiado em direção ao lugar em que José se deitara, viu pela respiração calma e regular que ele estava dormindo um sono profundo. Não devia perturbá-lo!

Novamente fixou o olhar nos raios do luar. Quantas vezes já não passara noites assim, contemplando o luar. A quietude e a luz suave, que dava o pálido reflexo ao ambiente, exerciam em Maria, sempre de novo, aquele encanto profundo e inexplicável, que transformava em brandura todas as tensões de seu corpo.

Como tudo no mundo seria bom se as pessoas trouxessem em seu íntimo essa quietude. Se, numa afinação pura e límpida, tal qual instrumentos preciosos, a mão do Criador pudesse extrair delas sons claros e vivos. Mas, assim como são, trazem apenas confusão, preenchendo seus dias com pensamentos repletos de presunção, os quais tentam transformar em realidade! Oh! Deveria finalmente se fazer dia, cair Luz nessa escuridão!

"Senhor, quando enviarás o Messias prometido? Então, não me foi dado ver a Luz? Entes maravilhosos não me anunciaram a Tua proximidade? Por que a mim, ínfima serva, é dado ver aquilo que permanece distante dos outros? É de fato a Tua graça que me trouxe calma e paz? Não será uma ilusão?"

— Maria!
— José?
— Tu me chamaste?
— Oh! José, continua dormindo! Eu não... Oh! José! assim gemeu.

De um salto, José ergueu-se, cobrindo-se rapidamente com seu manto.

— Sentes dores, Maria?

Ela não respondeu, mas fitou-o com um olhar que valeu como resposta.

— Vou buscar auxílio. Logo estarei de volta. Rouca soou a voz de José, ele estava sufocado pela excitação. E saiu correndo pela noite adentro.

Lá fora, no entanto, ele estacou como que paralisado; esquecendo-se de tudo, ergueu o olhar para o céu, e sua visão se ampliou subitamente. Bem acima dele caíam verticalmente raios de luz brilhante, que o fizeram inclinar a cabeça para trás, a fim de ver a estrela que lá reluzia. Ao avistar a estrela de cauda resplandecente, José estremeceu. Tinha a sensação de que o ar que o envolvia parecia tremular, carregado de tensão.

"Esta estrela – ela anuncia o Messias! O Salvador! E é nesta mesma noite que tua mulher também espera seu filho!", José assustou-se. Tinha esquecido que Maria estava esperando por auxílio! E, fazendo um esforço supremo, pôs-se a correr apressadamente pela rua.

Uma mulher veio ao seu encontro, porém na pressa ele não a viu, e passou correndo adiante.

A mulher havia visto a estrela e notado um raio de luz pousar por alguns momentos numa construção baixinha, e para lá correu involuntariamente. Sem se dar conta que aquela construção singela era um estábulo, ela abriu de mansinho a porta e ansiosa começou a perscrutar o recinto. Mas teve de retroceder deslumbrada; era-lhe insuportável a claridade ali reinante.

"Meu Deus", orou ela, "dá-me forças para que eu possa compreender isto!" Um leve gemido ecoou ao seu ouvido, então tomou coragem e entrou desimpedidamente.

Ao regressar, José viu a claridade que transluzia pelas janelinhas. A mulher que o acompanhava vinha reclamando, porque um chamado àquela hora lhe era importuno. Assim que alcançaram o estábulo, abriu-se a porta, e de dentro saiu uma mulher com o semblante reluzente e transfigurado. José a afastou rapidamente para o lado; mas voltou-se, depois de ter lançado um olhar a Maria.

— Maria? Será que…?
— Tua mulher te deu um filho. Eu a assisti.

Ele então correu para dentro, fechando bem a porta atrás de si.

Percebia-se uma agitação. De longe se aproximavam vultos encobertos pela noite, como que impelidos por uma força irresistível. Eram pastores, mulheres e crianças. A quietude da noite fora perturbada.

E a estrela, como um sinal visível a lhes indicar o caminho, continuava a lançar seus raios naquele teto baixo. Todas aquelas pessoas a viam.

"O Messias! O Salvador!" Eram brados que se elevavam, pairando por sobre aquela algazarra, como se houvesse algo que forçasse as pessoas a erguerem o olhar.

José ajoelhara-se ao lado de sua mulher, observando-a em silêncio. Ela, com a cabeça deitada para o lado, parecia uma menina fatigada. A criança estava quieta numa manjedoura. Nenhum som turvava a santidade daqueles momentos.

— Maria!

Ela virou-se para José. Seus olhos brilhavam.

— Sabes, Maria, que a estrela brilha sobre o telhado que nos cobre?

— Eu sei, José!

— E sabes também o que esta estrela anuncia?

— O Messias!

José soluçou fortemente, porém não disse mais nada. Apenas pousou a cabeça na mão de Maria, que estava sobre o cobertor. Maria sentiu a mão umedecida pelas lágrimas de José, mas permaneceu imóvel.

Aquele silêncio profundo logo foi quebrado por uma leve batida na porta do estábulo. José ergueu-se e abriu a porta. Então viu, admirado, as pessoas que se comprimiam, tímidas e amedrontadas, permanecendo imóveis à sua frente.

— O que quereis? perguntou José secamente.

Uma menina adiantou-se timidamente.

— Queremos ver o Messias, aí dentro! Aquela mulher nos disse que ele está aqui!

José, hesitante, voltou-se para Maria, que sorrindo, meneou a cabeça concordando.

Então todos os que estavam fora entraram no estábulo, até deixá-lo repleto. E todos inclinaram-se humildemente diante da manjedoura onde estava deitada a pequenina criatura.

Os rudes pastores esforçavam-se por não fazer ruído. Em voz baixa contavam como haviam visto a estrela e como alguns deles tinham visto o anjo do Senhor, que lhes anunciara a vinda do Filho de Deus e lhes indicara o estábulo.

Aqueles homens simples haviam corrido até seus lares, chamaram suas mulheres e filhos e seguiram a luz da estrela até o estábulo. E que brilho havia em seus olhares! Como ansiavam em poder servir ao Messias! Sentiam-se tão bem-aventurados, que, na sua felicidade, gostariam de correr mundo afora, para anunciá-lo a todos os seres humanos! No entanto só a custo conseguiram se afastar dali. Lá permaneciam a contemplar a criança, até que José pediu que se retirassem, pois Maria precisava de repouso…

Maria ansiava pelo regresso, almejava estar só. Os acontecimentos haviam-na acometido tão intensamente, que ainda não tinha conseguido compenetrar-se deles.

Em seu filho, Belém via o Salvador. Diante da manjedoura havia júbilo, admiração e orações comovidas. Três dias a estrela pairou sobre o estábulo, qual sentinela fiel. Sua luz conclamava as pessoas. Atraía ricos e pobres. E três reis de longínquas terras também foram guiados até Belém.

Esses reis tinham sido eleitos para facilitarem terrenamente os caminhos do Filho de Deus. Deveriam proteger como uma preciosidade o que de mais sagrado a Terra jamais conhecera. Assim o haviam, eles mesmos, implorado como missão. Essa era a finalidade de suas vidas terrenas.

É verdade que para lá dirigiram seus passos e também que levaram dádivas, sobras de sua fartura; mas, em seguida, retiraram-se, não cumprindo a promessa feita ao Criador. Abandonaram seus postos, e assim deixaram o Filho de Deus sem proteção. A criança, que já então suscitava a suspeita dos romanos, ficou desamparada e não resistiria aos primeiros perigos.

As casas dos burgueses opulentos abriram-se para Maria. De todos os lados vinham pedir a Maria que abandonasse o pequeno estábulo; ela, porém, recusou. Queria ficar só, livre da influência estranha, e voltar para Nazaré o mais breve possível. Sozinha, no silêncio de sua casa, pretendia usufruir a sua felicidade. Todo seu amor, dedicava-o ao menino; e esse amor a absorvia completamente.

Nessa mesma época, Kreolus perambulava pelas ruas de Nazaré. Depois de esperar vários dias, aguardando revê-la a qualquer instante, começou a inquietar-se. Lutava, então, intimamente se deveria ou não indagar sobre Maria a uma das mulheres que iam buscar água no poço. Até que não suportou mais aquela espera e encaminhou-se ao poço, aguardando pelas mulheres. Ainda era cedo. Como sentisse frio, aconchegou o manto folgado sobre os ombros, pois a umidade do frio atravessava até o tecido pesado.

Quando, lentamente, a claridade começou a despontar, e os primeiros raios de sol irradiavam um brilho cinza-prateado ao horizonte, Kreolus, suspirando, sentou-se à beira do poço. E, inconscientemente, ficou na mesma posição que Maria estava no dia em que ela o vira pela primeira vez.

Mas, se o semblante de Maria, então, parecia mergulhado em pureza, os traços dele traíam receosa tensão. Havia em seu olhar o desassossego que não o abandonara desde que deixara Maria. Tremiam-lhe os cantos dos lábios e as sobrancelhas contraíam-se de aflição. Somente as mãos que lhe envolviam os joelhos estavam imóveis.

Por longo tempo Kreolus olhou fixamente à sua frente, sem que nada vissem aqueles olhos, que pareciam apagados. Suas pálpebras baixaram-se, ocultando toda a profunda aflição. Até que, subitamente, percebeu um rumor de vozes e aprumou-se. As mulheres, nesse momento, aproximavam-se.

Ao avistarem novamente o romano, que já há dias vinha rondando o poço, emudeceram. Jamais ele havia dirigido a palavra a elas, mas não lhes passara despercebido que seus olhos vagavam inquietamente de um lado para outro, como se procurassem alguém.

Uma vez mais, Kreolus se pôs a examinar as mulheres que dele se aproximavam, até que, decepcionado, voltou a cabeça para o lado. Porém logo depois avançou resolutamente ao encontro delas e disse:

— Procuro em vosso meio uma donzela chamada Maria. Podeis informar-me onde ela poderá ser encontrada?

Perscrutadores, seus olhos fixaram-se nos semblantes admirados daquelas mulheres.

— Se procuras a Maria que hoje é esposa de José, não a encontrarás em Nazaré. Foi com o marido para Belém já há algum tempo, devido ao recenseamento.

Kreolus sorriu.

— Não! Não é essa, e sim outra a Maria que procuro.

— Não podes descrever-nos a aparência dessa jovem?

Kreolus sorriu novamente.

— Pois bem, ela é formosa, grandes e negros são seus olhos e…

— E usa um manto azul?

— Sim!

— Então é aquela a quem nos referimos!

— Impossível!

— Mas ela é a única que corresponde à tua descrição!

Kreolus, num movimento rápido, sacudiu a cabeça, uma, duas, três vezes… em seguida parou. Um silêncio opressor se estendeu sobre ele e as mulheres. Permanecia ali, com a incredulidade e o espanto gravados no semblante. Seus olhos cinzentos pareciam olhar para distâncias infinitas. Suas mãos, que ele erguera como num gesto de recusa, ainda permaneciam meio erguidas no ar. Em seguida sentou-se ali onde estava, como se todas as forças o tivessem abandonado. Seus lábios abriram-se, mas teve de umedecê-los antes de poder falar.

— É um equívoco. Sim, com toda a certeza! Estais enganadas!

Assustaram-se as mulheres; sua voz elevara-se como um trovão e as últimas palavras ecoavam ameaçadoras e quase ferozes nos ouvidos delas!

Kreolus afastara-se. As palavras: "estais enganadas" haviam-no reanimado.

Cada vez mais céleres tornaram-se seus passos, como se fugisse de algo horrível. Sentiu-se amedrontado. Semelhantes a configurações horríveis, ressoavam atrás dele as palavras proferidas pelas mulheres. Em vão Kreolus procurava duvidar da exatidão daquela suposição, pois essas dúvidas só lhe proporcionavam poucos instantes de sossego. Cada vez mais em seu íntimo ardia aquilo que escutara.

— Oh, deuses, isto não pode ser verdade!

Assim Kreolus gritou no bosque que alcançara, para onde o haviam levado seus passos. Extenuado, encostou-se então a uma árvore, e caiu dele a aflição, como se fora um fardo que já não podia carregar. Recostou a cabeça de encontro à casca áspera do tronco, e lentamente se desfez a sua excitação, tornando-se mais pausada a respiração.

Depois abandonou o tronco, percorrendo o caminho onde, meses antes, seguira Maria.

Longamente Kreolus se demorou no lugar onde começara sua felicidade, e reviveu na alma o momento da despedida. Reviu o singular alheamento de Maria, e pareceu-lhe ouvir de novo a sua voz sem timbre:

"Esperarei por ti, sempre hei de esperar…"

Uma brisa suave roçou sua fronte, afagando-a, como se fosse a mão suave e acariciadora de Maria.

— Sinto-te, Maria. Estejas onde estiveres, estás perto de mim, murmurou ele quase imperceptivelmente.

Já era tarde quando Kreolus regressou à cidade. Agora não procurava mais. Invadira-o a crença de que, mesmo assim, encontraria Maria.

Durante a noite foi acometido de uma imensa opressão, que tornou sua respiração ofegante, fazendo-o acordar banhado em suor.

Não fora a voz suplicante de Maria que clamara por ele? Sem saber onde se encontrava, olhou em seu redor. Depois, recordando-se de onde estava, respirou com dificuldade. Algo lhe dizia que Maria estava em aflição.

Levantou-se inquieto e vestiu-se. Pretenderia ele reiniciar suas peregrinações noturnas? Não. Dessa vez apenas se encaminhou até o terraço que ficava em frente ao seu quarto.

Aquela casa pertencia a um romano: era uma das mais belas de Nazaré. Kreolus era hóspede de um rico comerciante. Desdenhando o opulento modo de viver de seu anfitrião, havia retirado as peles quentes e macias que cobriam seu leito e levara-as para fora do seu quarto.

O sorriso com que defrontara o anfitrião, quase ofendido pelo seu gesto, fora o suficiente para reparar sua atitude. Com um encolher de ombros, ele deixou que Kreolus ficasse à vontade.

E mesmo assim, o luxo era-lhe agradável e fazia-lhe bem. A atmosfera suave daquela casa, em que macios tapetes abafavam qualquer som, acalmava seus nervos excitados.

Kreolus pôs-se de pé e lançou um olhar pensativo em direção ao extenso jardim que, em terraços, se estendia sobre a colina. Avançando o olhar, pousou-o sobre a cidade, situada mais em baixo, sem que nela divisasse um brilho sequer de luz. Depois seus olhos procuraram o céu, e contemplou a cúpula salpicada de estrelas acima dele.

Novamente ele sentiu a alma profundamente oprimida. Faltando-lhe o ar, elevou uma das mãos e afrouxou a gola, apoiando-se com a outra pesadamente no peitoril do terraço. Uma luz ofuscante feriu então seus olhos. Kreolus vacilou. Seu olhar fixou-se numa estrela nova e brilhante, um cometa, cuja cauda, como parecia a Kreolus, lançava raios de luz numa determinada direção da Terra.

— Isto, sem dúvida, tem um significado, murmurou. Recebo-o como um sinal de que és feliz, Maria! Sinto que é verdade aquilo que as mulheres disseram: és a mulher de um outro homem. Por que não esperaste por mim, Maria? Faltou-te confiança? Ou já havia renúncia em tua despedida? Tu sabias que eu apenas queria consolar-te, que eu mesmo não acreditava na realização!

E agora que as minhas súplicas foram ouvidas pelos deuses, libertando-me das algemas que me prendiam a Augustus, agora que regressei de Roma, tu não estás mais aqui! E eu queria buscar-te, Maria, fazer de ti a minha esposa, levar-te comigo para Roma!

Kreolus sentou-se no peitoril do terraço. Com as costas apoiadas numa coluna, permaneceu ali longamente, perscrutando as vozes da noite. Sua alma, porém, estava junto de Maria.

Irresistivelmente iam se desenrolando os acontecimentos. Sobrevinham como uma imensa onda, que atingia todos os que deles participavam. Maria tinha a impressão de ser quase impelida, arremessada adiante, por uma mão poderosa, cuja bênção, no entanto, aos poucos, menos frequentemente sentia pousar sobre si.

Assim, havia persuadido José a partir com ela e o menino para outras terras. Ela acreditava que o motivo fosse o receio que tinha do falatório das pessoas, mas na realidade via-se possuída de um temor sombrio, que constantemente a impelia a fugir. Sim, em Nazaré se comentava sobre um romano que a havia procurado desesperadamente. O coração de Maria contraía-se de dor. Ainda não conseguira esquecê-lo; Kreolus vivia ainda em seu íntimo.

"Partir, apenas partir!", pensava ela, enquanto segurava a criança em seu colo, observando-a em silêncio.

Instintivamente envolveu a criança com os braços, como se quisesse protegê-la.

A criança despertou, e seus olhos azul-escuros fitaram o semblante de Maria inclinado sobre ela. Brincando com as mãozinhas, agarrou o véu claro que pendia frouxamente, e depois tocou as faces e a boca sorridente de Maria. Um brilho lampejou no rostinho da criança que sorria para a mãe, até que suas pálpebras lentamente se cerraram de novo...

Foi com peso no coração que José acedeu às insistências de sua mulher, pois teria de deixar sua casa e tudo o que possuía para trás. Entregou sua oficina ao melhor de seus ajudantes, confiando-lhe também a administração dos seus bens. Libertou-se de tudo e rumou com Maria e a criança para o Egito, mas ia penalizado intimamente quando pensava no cansaço a que aquele entezinho de tão tenra idade ia ser exposto numa viagem que levaria semanas ou talvez meses.

José lutou durante anos seguidos pela subsistência de sua família, em meio a estranhos, os quais ele, como judeu, não podia compreender. Pungia-o a saudade de sua casa, e vinha-lhe um vago ressentimento ao pensar em Maria. Será que ela não via o quanto ele sofria? Não pressentia as preocupações que o atormentavam? Maria estava contente. Dedicava-se exclusivamente a seu filho e, virtualmente, revivia entre aquelas pessoas que, no entanto, eram tão estranhas a eles!

Muitas vezes ele ponderava se não deveria regressar e impor sua vontade à de Maria, mas não conseguia agir. Preferia cerrar os dentes e continuar a lutar.

A criança, enquanto isso, desenvolvia-se, transformando-se em um garotinho alegre, que frequentemente se demorava a contemplar, meditativo, aquele José tão sério e calado. Subitamente, corria então em direção a ele, e ficava esperando que lhe desse atenção, mas José estava sempre absorto em pensamentos. Então o menino, bem de leve e timidamente, tocava com sua mãozinha o joelho dele. Os olhos da criança fixavam-se em expectativa nos de José, até que sua mão áspera e pesada pousasse nos cachos sedosos dos seus cabelos. Aquele era o sinal esperado. Um, dois, três, e lá estava o pequeno sentado nos joelhos de José, estreitando-se contra o seu peito. E aquele homem, que se julgava tão só e isolado, sentia-se tomado por uma onda de calor. Como amava aquela criança! Era o seu único amigo naquela terra! Maria vivia a sua própria vida, mostrava-se tão segura e tão calma que às vezes ele tinha a impressão de que nem sequer necessitava dele. Mas aquela criança o amava, o procurava, e ele cuidava do menino como se fosse seu próprio filho.

— Estás triste, pai?

José sorriu.

— Não, não meu filho. Eu só estava pensando em Nazaré, minha cidade, e em Belém, a cidade em que eu e tu nascemos.

— E por que não estamos lá?

José, num gesto de cansaço, deu de ombros.

— Mamãe também não é de Nazaré?

— É sim, meu filho!

— Mas ela não está triste, está?

— Tua mãe sente-se feliz!

— Mas eu não me sinto feliz quando te vejo assim tão triste!

Sérios e interrogativos aqueles olhos azul-escuros ergueram-se para José. Tomado de emoção, ele apertou fortemente a criança de encontro ao seu peito, dizendo-lhe com voz rouca:

— Alegra-te, meu pequeno. Quem sabe, talvez, ainda regressemos, e então o nosso regozijo será tanto maior!

— Sim, vamos para Nazaré! disse a criança com júbilo, já descendo dos joelhos de José e correndo tão depressa quanto podia em direção à porta.

Maria sorridente e comovida ouviu o menino e não pôde resistir aos rogos da criança, que tão claramente manifestava seu amor por José. Mas, ao certificar-se que a criança era mais perspicaz que ela própria, assustou-se. Não estariam exprimindo repreensão aqueles olhos límpidos que a fitavam? Sentiu despertar em seu íntimo uma leve advertência: "domina-te para que esta criança não descubra as tuas fraquezas!"

Por longo tempo, o olhar pensativo de Maria pousou na criança. Todos os seus traços eram de Kreolus. Havia, porém, ainda um certo quê nas linhas do seu semblante, algo que fazia Maria recordar-se da hora do seu nascimento, do sinal que surgira no céu e de todas aquelas pessoas que haviam considerado a criança como sendo o Messias.

"Como a fé se dissipa rapidamente", pensou ela. "Certamente agora ninguém mais pensa e fala a respeito. Mesmo para mim, tudo parece ir ficando pouco a pouco envolto em névoa. Pergunto-me: teria sido coincidência? Um sonho? Jesus é uma criança como as outras. Nada indica singularidades! Ele é tão natural como o pode ser uma criança! Tem coragem e altivez devido ao sangue romano; e por outro lado traz a ternura dos judeus. Somente nos olhos e em torno da boca existe um traço que não se pode identificar, e que eu, que sou sua mãe, temo…"

Corriam os anos, trazendo constante variação, alegrias e dores, preocupações, cansaços e vitórias. A casa de José, em Nazaré, para a qual a família regressara, já não estava mais vazia e triste. Jesus tinha quatro irmãos que enchiam a casa com o seu alarido e que, sem rodeios, se apoderavam do lugar do mais velho. Eram eles o ponto central, em torno do qual tudo parecia girar. Os pais riam de seus gracejos, enquanto de bom grado o jovem Jesus retraía-se. Silenciosamente trabalhava na oficina do pai e ninguém atentava para ele de um modo especial, ninguém suspeitava o que se agitava no íntimo daquele jovem tão concentrado.

Maria, ocupada durante o dia com muitos trabalhos, não tinha tempo para conversar com seu filho. À noite, ao reunirem-se para a ceia, o seu olhar procurava frequentemente Jesus, fixando-se nele com expressão cismadora. Aos poucos, a diferença entre Jesus e os irmãos se acentuava mais. Maria temia, às vezes, que ele chegasse a constatar por si próprio quão pouco se parecia com José. Por mais calmo que fosse Jesus, dos seus olhos rompia às vezes um brilho que a ela, sua mãe, alvoroçava. Ele tinha um certo modo de trazer a cabeça que Maria não podia designar senão de senhoril. E isto sem que desaparecesse sua calma, cheia de ternura e amabilidade!

Maria, no decorrer dos anos, quase havia esquecido dos ímpetos que em sua juventude a faziam aspirar a libertação de seu espírito. Haviam adormecido sob as mil preocupações da vida caseira. Só de vez em quando Maria sentia em seu íntimo algo escondido que dormitava. Mas ela não procurava conhecê-lo. Assim, foi se tornando cada vez menos perceptível até que, por fim, nem mais a perturbava, e Maria deixou que isso ficasse de lado.

E quando Jesus se aproximava dela com uma pergunta, com uma pergunta igual às que em sua juventude também ardiam em seu íntimo, e que o sacerdote não sabia responder, então ela sentia o ímpeto de proferir palavras contra a religião, de dar interpretações que não correspondiam aos dogmas. No entanto Maria se continha. O medo de que pudesse despertar no menino o que nele havia de romano fazia-a emudecer. Embalava com palavras ocas a Jesus, que a fitava cheio de esperanças. Abandonava-o ao caos que os ensinamentos religiosos e o seu próprio sentimento de clara intuição criavam em seu íntimo.

Maria julgava poder colocar barreiras a uma torrente impetuosa. Não via que desse modo aquela torrente se avolumaria a tal ponto, que um dia já não mais seria possível detê-la. Em Maria existia apenas um receio cheio de cuidados por aquela criança, cuja origem romana poderia vir a ser a sua ruína. Almejava impedir a todo custo que Jesus atraísse para si a atenção dos seus semelhantes. Com a melhor boa vontade o teria escondido dos olhos de todos.

Era por causa disso que ela procurava mantê-lo humilde; por essa razão fazia-lhe sermões, em que lhe infundia obediência cega aos sacerdotes; e era por esse motivo que não dava a seu filho aquilo a que o verdadeiro amor a impelia.

Era contra esse amor que Maria travava uma luta ardente. Proibia a si própria toda a liberdade; tornava-se desse modo cada vez mais rígida e caiu finalmente numa apatia interior, que não mais deixava transparecer nem vida nem calor. Sentia a decepção que causava ao filho; e esse sentimento ardia em seu íntimo, como um veneno corrosivo, mas ela tudo suportava porque julgava, desse modo, auxiliar seu filho!

José de nada disso se apercebia. Sua natureza simples não se atinha a observações. Jesus era para ele perfeitamente compreensível, uma pessoa que ele aceitava assim como era. José nem sequer se lembrava de que Jesus não era seu filho. Ele o tomara a si completamente. Jamais havia encontrado motivo para censurá-lo, por que, pois, deveriam surgir dúvidas?

Ao contrário, era com orgulho que ele, diante de seus amigos, elogiava o trabalho perfeito de "seu filho mais velho".

Na verdade, a oficina ia tão bem nas mãos do filho como nas suas próprias. E logo chegou o tempo em que Jesus teve de encarregar-se dos negócios do pai.

Uma curta enfermidade, e José deixou o mundo, adormeceu suavemente e sem luta, passando para o Além como uma criança, pois também na Terra vivera assim. Jesus estava sentado à beira do leito do pai, segurando a sua mão e fitando-o nos olhos. Era límpido e calmo o olhar do enfermo.

— Tenho de deixar-vos em breve, sabes? José proferiu essas palavras em voz baixa.

Jesus meneou a cabeça gravemente...

— Cuidarás de tua mãe e de teus irmãos?

— Ficarei ao lado deles, meu pai, até que possam cuidar de si mesmos.

— E tua mãe?

— Eu não a deixarei, a menos... que ela me abandone.

O doente suspirou aliviado.

— Eu sei, Jesus, tu és o melhor dentre nós; pode-se confiar em ti!

De repente os olhos de José se arregalaram. Sobre a cabeça do filho viu pairar uma coroa, e acima dela a Pomba Sagrada, emitindo claros raios de luz!

— Jesus... balbuciou ele. Tu o és... tu o és realmente! Senhor! Eu te agradeço por me ter sido permitido contemplar isto!

O semblante de José estava transfigurado.

A mão do Filho de Deus pousou então sobre a fronte do moribundo, refrescando-o e dando-lhe forças, para depois lhe cerrar suavemente as pálpebras sobre os olhos sem vida. Por longo tempo Jesus permaneceu orando junto ao leito do morto. Depois, foi ao encontro da mãe…

Maria estava na sala, ocupada em tecer. Jesus sentou-se a seu lado, sem proferir palavra. Maria olhou para ele e perguntou:

— Como está teu pai?

— Ele está bem, mãe. Acaba de nos deixar.

Maria nada respondeu. Seu olhar fixou-se no semblante do filho, que irradiava uma paz profunda, sem nenhuma expressão de dor. Ela ergueu-se com esforço, passando a mão mecanicamente pela cabeça, depois se retirou lentamente.

Acercou-se do leito de morte de José e contemplou demoradamente o semblante sereno daquele que a deixara. Viu-se então acometida de profunda melancolia. Agora estava só, sem amigo, sozinha em suas preocupações pelo filho.

Esse filho se tornava cada vez mais incompreensível para Maria. Afastava-se dela, trilhando firmemente a sua senda, em direção oposta! Maria jamais lhe fazia perguntas, pois temia as respostas. Recusava-se a ver claramente, a qualquer preço, pois isso equivaleria a uma separação completa. Assim Maria ia arrastando um fardo imposto a si própria e que muito pesava em sua alma.

Enquanto isso Jesus dirigia calmamente os negócios do pai. Embora ainda jovem, sabia bem ser o chefe da família e procurava substituir o pai junto aos irmãos.

Nessa época espalhou-se pela cidade a notícia de que havia surgido um novo profeta. O povo chamava-o João, o Batista. Diziam que suas palavras eram tão veementes e tão penetrantes, que levavam à penitência até os mais renitentes pecadores. Os viajantes vindos de Jerusalém contavam que ele vivia à margem do Jordão, onde batizava as pessoas que se convertiam.

Maria ficou assustada, pois percebeu no olhar do filho a expressão de um profundo anseio. Desde a hora em que ouvira falar em João, tornara-se tão pensativo, que ela temia que Jesus viesse a deixá-la. O que se passava com ele? Por que aquele olhar perdido no espaço como se estivesse à espera de uma solução qualquer?

E Jesus, então, dela se acercou realmente. Maria notou sua excitação, que se evidenciava pelos movimentos irrequietos de suas mãos. Maria fez um esforço; seu corpo aprumou-se, ao perguntar:

— Meu filho, vejo que te martirizas, não queres confiar em mim?

Jesus encarou a mãe, permanecendo parado diante dela.

— Quero dizer-te o que se passa, minha mãe. Deixa-me viajar. Deixa-me ir ao encontro de João!

— Anseias tanto assim pela Palavra de Deus? Por que então a tua constante rejeição às cerimônias que temos aqui na sinagoga? Tu evitas todo e qualquer contato com os sacerdotes que interpretam a sagrada Escritura, os mandamentos do Senhor! Crês que ouvirás algo diferente dos lábios desse profeta?

— Certamente, se esse homem for um enviado do Senhor!

— Sabes que assim acusas os escribas de professarem uma doutrina falsa?

Jesus levantou a cabeça altivamente:

— Não posso denominá-la de outra maneira!

Maria respirava com dificuldade.

— E renegarias, pois, esta antiga crença?

— Sim! Eu jamais obedeceria às leis em sua interpretação atual. Representam uma mentira que os sacerdotes espalham! Eles semeiam indolência, buscam palavras e não tocam no sentido verdadeiro. Não me sujeito a isso, porque não posso!

— Tu aprenderás a fazê-lo, meu filho, como eu aprendi.

— Tu, minha mãe, também tiveste tais dúvidas?

Maria apenas meneou a cabeça, afirmando.

— Há tantas coisas que na juventude não nos parecem claras. Somente muito mais tarde compreendemos que é melhor nos sujeitarmos.

Jesus olhou tristemente para a mãe.

— Porque achaste isso mais cômodo... Mãe, faltou-te coragem para a felicidade!

Maria estremeceu, como se tivesse levado um golpe. Depois de um longo silêncio, disse pesarosamente:

— Vai ao encontro do profeta, para ver se encontras o que anseias!

Depois disso, virou-se com passos lentos e foi para seu quarto.

Seguiram-se dias e semanas que alquebraram Maria intimamente. Com muita fadiga e profundo desânimo, aceitava o desenrolar dos acontecimentos. Com olhar vazio percorria a casa, sem reparar nos filhos, que a observavam pasmados. O que esperava ela ainda? Por Jesus? Perdera-o para sempre! Para que esse martírio, criado por ela mesma? Para que as autoacusações, uma vez que era a única culpada de tudo? Maria estava às portas do desespero. Em sua angústia, não tinha ninguém em quem pudesse confiar. Sempre, em toda a sua vida, estivera só. Sua mãe não era pessoa com quem pudesse desabafar-se. José estava morto e Jesus partira! Abandonara-a! Dilacerava-se intimamente em imprecações e amargura contra o destino injusto que lhe fora imposto.

Tinha de novo um filho seu à testa da casa; jovem ainda, mas consciente de sua responsabilidade. Por que não se alegrava, então? Por que não conseguia esquecer o outro, que a abandonara? Não passava necessidade, havia fartura em casa, e mesmo assim sentia saudades do mais velho. Estava desconcertada. À noite, permanecia horas seguidas acordada em seu leito, procurando obter clareza. Lutava como nunca em busca de reconhecimento, enquanto inutilmente procurava reprimir as acusações que sempre de novo ressoavam em seu íntimo.

"Não tenho culpa, pois tudo fiz para torná-lo sensato!"

"E fizeste-o com acerto?"

"Fiz tudo por educá-lo segundo a crença verdadeira."

"Agiste de fato assim? Agias certo ao enviá-lo aos sacerdotes, quando por covardia não respondias às suas perguntas?"

"Ele tem sangue pagão: precisava de uma disciplina austera."

"Não tinhas tu, em tempos idos, a convicção de que, diante de Deus, é indiferente a que nação um ser humano pertença? Não te causava revolta o ódio que o teu povo devota aos romanos? Não amaste um romano e não era ele nobre e bom? Pode o filho de Kreolus ser vil, carecedor de uma educação mais austera?"

Assim eram as perguntas que assaltavam Maria, deixando-a desamparada, incapaz de uma resposta.

"Recua, abandona essa rigidez que adotaste. Ama teu filho, confia nele, deixa-o trilhar a sua senda e acompanha-o!"

"Não posso! Sou incapaz de fazê-lo. O receio de que lhe pudesse suceder algum mal haveria de matar-me. Terei de empregar todas as minhas forças para detê-lo. Ele é um rebelde, insurge-se contra a religião! Aquilo que nenhum profeta jamais ousou, ele o faz como se fora de sua competência! Senhor, e este devia ser o Messias? Responde-me! Dá-me um sinal, como prova!"

Silêncio profundo... não sobreveio resposta... Pois a dúvida já havia muito que sepultara a ligação de Maria com as alturas.

Jesus, entretanto, voltou, e voltou outro! Brilhavam os seus olhos, brilhavam como que contando abertamente que ele obtivera a clareza almejada. Maria nada perguntou; o aspecto dele já dizia tudo.

— Mãe! disse Jesus, não desejas ouvir o que tenho a contar? Inquiridores, seus olhos fixaram-se nos dela.

Maria sacudiu a cabeça.

— Vejo que estás satisfeito, meu filho.

As mãos dela procuraram um apoio por trás, encontrando-o na mesa.

— Corres para a tua desgraça, és impelido pela loucura de te impores aos seres humanos como seu guia, e eles hão de aniquilar-te!

De repente Maria ergueu as mãos num gesto de súplica.

— Meu filho, disse em tom comovente, gerado pelo medo, suplico-te que deixes esse caminho! Se possuíres em teu íntimo uma convicção diferente, então guarda-a contigo, mas silencia. Não há, nesta Terra, uma só pessoa que a compreenda. Ninguém te agradecerá o que deres. Apenas inimigos se levantarão contra ti, oriundos de todas as classes sociais, procurando envolver-te em seu ódio, precipitar-te na desgraça e matar-te. Tenho medo por tua causa, já não encontro mais sossego.

— Minha mãe, disse Jesus com ternura. Pobre mãe que não pode seguir-me! Não se trata de mim! Trata-se de algo muito elevado; da Verdade! Será possível que isto não te arrebate, não faça esquecer tudo o que te é pessoal? Vê, fui destinado a trazer a

Verdade a todos os seres humanos, não posso agir de outro modo! Deixa esse medo que apenas te agrilhoa, liberta-te e vem comigo. Será uma jornada de que jamais te arrependerás!

Maria deixou cair as mãos. As palavras do filho não a atingiram, ela não as acolheu. Sabia, tão somente, que tudo tinha sido em vão. Ele não lhe obedecia; ele partiria!

— Deixa-me, disse ela bem baixinho, com um gesto que exprimia fadiga.

Nesse momento foi como se o laço que ainda ligava um ao outro se rompesse, embora já estivesse afrouxando nos últimos tempos. Jesus olhou-a com frieza. Era quase como se estivesse vendo sua mãe pela primeira vez...

Já não havia, pois, mais nada que o prendesse. A palavra que havia dado a José, ele cumpriu. A família já não precisava dele, e fora sua mãe a primeira a abandoná-lo!

Jesus partiu, deixando aqueles que o consideravam desnecessário. Partiu para finalmente levar Luz aos que ansiavam por sua Mensagem.

Maria ficou. Parecia tolhida. Vivia seus dias cansada e sem forças; a amargura estampava-se no semblante envelhecido... Aparentemente, parecia ter riscado completamente o filho de sua existência. Jamais falava nele; sim, até os demais filhos evitavam pronunciar o nome dele, desde o dia em que riram de Jesus na cidade e o chamaram de sonhador. E o fato de sua mãe não interceder em favor do irmão, quando os escribas iam à sua casa para aconselhar àquela mulher solitária, significava para os filhos uma confirmação do que ouviam o povo dizer.

Meses depois, no entanto, ficaram de ouvidos atentos, pois homens estranhos vieram à cidade indagando por Jesus. Foram procurar Maria e falaram dele com grande entusiasmo.

Maria ficava, então, a ouvi-los, com o semblante impassível. Seu coração, entretanto, palpitava em ardente excitação. Essas palestras agitavam-na a tal ponto, que depois se isolava durante horas, sem permitir que ninguém dela se aproximasse. Tudo o que tinha ouvido fazia despertar de novo o temor antigo. Não diziam os estranhos que Jesus se empenhava em violentos debates com os fariseus e os escribas? Desse modo ele não faria todos os considerados sábios seus inimigos? Quem eram seus adeptos? Até então eram apenas os pobres, os pescadores e os publicanos! Sua guarda era formada por uma multidão que fugia covardemente, assim que um perigo se aproximasse!

"Preciso ir ao encontro dele, adverti-lo novamente", pensava Maria, cheia de cuidados. Ainda se debatia contra aquela voz que há muito lhe dera a certeza de sua impotência diante da vontade do filho. Não queria dar ouvidos àquelas palavras, mas elas antepunham-se, cada vez mais vivas, frente à sua alma:

"Ele segue este caminho porque não pode agir de outra maneira! Seria mais fácil tu transformares fogo em água, do que convencê-lo do contrário!"

Mesmo assim, certo dia Maria libertou-se e deixou seu lar e os filhos, indo em busca de Jesus. Corria atrás dele, como os tantos outros que encontrava pelas estradas. A chamada que ela ouvira em Nazaré, também outros haviam recebido em diversas regiões do país. O novo profeta parecia ser dotado de uma voz poderosa, sua oratória parecia ser veemente. Jesus tinha adeptos que ouviam suas palavras com entusiasmo e que lhe devotavam um grande amor. Em Jerusalém já se esperava pelo profeta. Em todas as cidades por onde passava, Jesus era convidado pelos escribas que lhe dirigiam perguntas às quais, sorrindo, Jesus lhes respondia com segurança. Isso chegou aos ouvidos de Maria enquanto viajava à procura do filho. Mas a veneração que se apoderara daquelas pessoas só servia para oprimi-la ainda mais.

"Que haveríeis de dizer, se soubésseis que este homem a quem chamais de profeta é filho de um pagão? Que escárnio isto não encerra, escárnio às palavras da Escritura! Existe, pois, em Jesus uma fagulha sequer do verdadeiro sentimento judeu? Concordei eu, sua mãe, alguma vez plenamente com tais ensinamentos? Nunca! Jesus leva ao mundo o sangue irrequieto que herdou do pai. Fosse ele um romano e certamente também se teria tornado um soldado como o pai, que também dispunha de autoridade sobre seus subordinados. Jesus utiliza-se dessa força inata em outro sentido: tornou-se pregador, e os seres humanos, semelhantes a ovelhas, seguem e submetem-se à sua vontade!"

"Maria, pudeste perder-te a tal ponto? Essas interpretações e essa tua busca por explicações, é tudo o que te restou? Não perdeste o que te era mais precioso por atenderes ao mais ínfimo?"

Maria emudeceu. Seu cérebro, semelhante a uma corrente interrompida, subitamente se tornou exausto e como que desprovido de todos os pensamentos. Pôs-se, naquela quietude angustiante, a ouvir seu íntimo. E encheu-se de vergonha, de imensa vergonha, em vista de sua mesquinhez.

Alcançou então a Samaria, encontrando finalmente o lugar onde Jesus estava. Era ele então hóspede de um rico comerciante. Reinava grande excitação em toda a cidade. Excitação provocada pela palestra que Jesus proferira na escola havia poucas horas. Samaria, a província hostil, reconhecia o profeta! Maria encontrou a casa onde Jesus se achava. Ficou parada como uma mendiga diante do portão, e timidamente indagou por Jesus a um criado.

— O profeta e seus discípulos estão à mesa!

— Queres chamá-lo? Sou sua mãe. As últimas palavras saíram como um sopro. O servo correu para dentro. Maria cambaleou ligeiramente ao ouvir passos apressados que se aproximavam.

Jesus agora estava diante dela, altivo, sem dizer nada. O olhar de Maria iluminou-se. Ela teve a sensação de que devia atirar-se aos pés dele, cingi-los e pedir-lhe perdão... Mas não pôde, somente seus olhos foram se enchendo de pesadas lágrimas. Jesus fitou calmamente aquele semblante vincado por tantos sofrimentos e esperou... longamente.

Maria sentiu que havia entre eles um abismo. Era Jesus, aquele que ali estava? Aqueles olhos inquiridores que a fitavam, nos quais não se lia nenhuma compaixão por aquilo que a consumia tanto. Aquela pessoa já não tinha mais ligação alguma com ela!

"Ainda poderás lançar uma ponte, mas isso somente se te desfizeres de tudo o que te é pessoal e professares os ensinamentos dele!" Maria percebeu a advertência, tão nítida como se alguém a tivesse proferido bem alto a seu lado. Mas, então, ressoou como réplica uma outra voz, que jamais silenciava por muito tempo:

"Não te esqueças que apesar de tudo ele é teu filho e te é submisso. Tu só almejas o seu bem!"

Maria quis mover os lábios para pronunciar a súplica que a levara até lá, mas não conseguiu. Os olhos de Jesus refletiam agora uma frieza tal, que a fez estremecer. Maria partiu, sem ver a dor profunda que se espelhava nos traços do Filho de Deus...

Ela não sabia que unicamente por amor a ela Jesus conservara aquela calma e não a impedira de partir.

Maria, regressando à humilde hospedaria, ia se esgueirando pelas vielas como uma doente, rente às casas. Lá chegando atirou-se como uma desesperada sobre o leito acanhado. Seus soluços faziam estremecer seu corpo, e a febre ardia em suas veias. Maria entregou-se docilmente a todas as correntezas que dela se aproximavam. Seu corpo não resistiu mais ao embate das trevas, e ela adoeceu gravemente.

Permaneceu longas semanas no lugar que Jesus, já no dia seguinte, deixava, em companhia de seus discípulos. Nada pesava nele. A Luz, que dele se irradiava, não permitia protelações em sua missão e afastava dele tudo o que era sombrio.

A partir dessa época Maria já não tinha mais esperanças. Enquanto convalescia vagarosamente, pôs-se a tomar providências para a viagem de regresso. Profundamente esgotada, alcançou Nazaré. Seus filhos, já muito preocupados, afetuosamente procuraram facilitar-lhe tudo, consolando-a como melhor podiam, e Maria agradeceu-lhes comovida.

Em Samaria, ela sentira saudades daqueles quatro filhos, tantas saudades da casa que lhe parecia um refúgio. Ela associava a casa com a concepção de calma e abrigo.

Em breve, porém, apagou-se aquela impressão querida; novamente se viu assaltada pela inquietude anterior, que a transformava em joguete de seus próprios pensamentos.

Por esse tempo, a fama de seu filho divulgava-se cada vez mais. Havia muito que Jesus fora reconhecido, encontrando franca acolhida da parte dos homens mais influentes do país. Começou-se a estimar a sua influência em toda a parte. Israel muito esperava dele. Apenas os sacerdotes sentiam esvair-se o seu poder. O ódio e a inveja tremulavam como chama ardente reprimida, pronta para em dado momento expandir-se com todo o ímpeto e desenfreadamente. Por enquanto ainda silenciavam. Juntamente com outros esperavam que esse Jesus, que parecia isento de temores, haveria de reunir um dia um exército a fim de expulsar o inimigo da terra deles.

Até lá o deixariam em paz. Mas em seguida haveriam de atirar-se sobre ele com toda a energia, pois um homem que profanava o sábado não possuía nem o poder nem a proteção do Senhor! Ele era inteligente e eloquente, mas saberiam armar-lhe ciladas, das quais não seria possível escapar.

Nesse meio-tempo, porém, o poder de Jesus começava a tornar-se por demais ameaçador. O povo, em massa, acorria a ele e já começava a evitar as escolas. Os fariseus quiseram interceder, porém era tarde. Não conseguiriam reter aquelas pessoas enquanto esse profeta lhes falasse. E forjavam planos para a eliminação de Jesus. Antes o domínio de Roma que o deste homem, que lhes dizia a Verdade! Roma não lhes dava atenção, porque não via neles um perigo. Mas nesse Jesus não deviam os romanos ver, com razão, um adversário perigoso? Não era este um ponto que mereceria a conjugação de todos os esforços? E assim teceram-se fios tenebrosos à volta do Mensageiro da Luz. Às escondidas procuravam falhas por onde pudessem atacá-lo.

Os escribas de Nazaré procuravam Maria com frequência cada vez maior. E as conversas encerravam indagações dissimuladas acerca de Jesus. Tentavam sondar Maria para descobrir qual era a sua atitude com relação a Jesus. Não conseguiram, porém, obter dela uma resposta definida, pois Maria conseguia esquivar-se com habilidade de todas as perguntas. Aparentemente a vida do filho lhe era completamente indiferente, e como ela rapidamente se calasse todas as vezes que falavam dele, jamais se externava de modo desfavorável. Essas visitas significavam para Maria um verdadeiro tormento, pois ela conhecia perfeitamente a intenção deles. Aqueles olhares cheios de astúcia, o significativo menear e balançar daquelas cabeças tão logo fosse mencionado o nome de Jesus, faziam-na revoltar-se contra os escribas. Desprezava aquele rastejar e sentia agitar-se dentro de si a pergunta: "Não assiste a Jesus o direito de calcar com os pés esses vermes?", e sentia-se tomada de alegria ao perceber o pavor que transparecia em todos os gestos e palavras dos escribas.

— Teu filho nunca vem a Nazaré, Maria. Por quê? Então não existem aqui também pessoas às quais poderia falar e curar?

— Jesus também virá até aqui, replicou Maria calmamente. Mas ao proferir essas palavras seu coração começou a palpitar de medo. Essa ideia a fez estremecer, pois Maria jamais pensara em tal possibilidade.

E um dia Jesus se dirigiu a Nazaré, acompanhado de seus discípulos e de um séquito interminável. Hospedou-se num albergue. Seus irmãos, então, foram procurá-lo lá, pedindo-lhe que fosse para casa com eles.

Jesus olhou amorosamente para eles; depois, pondo as mãos nos ombros do mais jovem, lhes perguntou sorrindo:

— Viestes a mando de nossa mãe?
— Sim!
— Então irei convosco.

E seguiu com eles pelas ruas. Pessoas curiosas, indecisas quanto à posição a tomar, se contra ou a favor dele, estavam ao longo do caminho. Os irmãos ficaram contentes por alcançarem seu lar, pois molestava-os ver todos os olhares fixados neles. Maria ocupava o seu lugar costumeiro junto à janela quando seu filho chegou. Quis erguer-se ao vê-lo, mas antes disso Jesus atravessou o aposento com passos rápidos e pôs-se diante dela. Meio erguida e desamparada como uma criança, Maria levantou o olhar para ele, e Jesus, gentilmente, fê-la sentar-se novamente. Depois procurou um banco mais baixo e sentou-se ao lado dela. Jesus tomou as mãos de Maria e nelas pousou o seu rosto.

Maria guardava completo silêncio. Sentia-se como que traspassada por um fluido que lhe parecia uma libertação. O olhar com que contemplava a cabeça do filho exprimia amor abnegado e dedicação. Nada, nenhum som sequer, turvava essa hora solene do reencontro. No aposento ao lado, os irmãos, com a felicidade estampada no semblante, aguardaram até que soassem palavras serenas. Com um suspiro de alívio, voltaram então ao trabalho. Pairava novamente a paz sobre aquela casa, mantendo afastado todo o desassossego.

Logo em seguida chegaram os discípulos, e foram tratados como hóspedes da casa. Maria, de rosto alegre, andava de um lado para outro, desfazendo-se em cuidados para que todos se sentissem bem. Pela primeira vez, depois de muitos anos, sentia-se como que liberta e livre de pesares. Ao ver que Jesus se preparava para ir falar na sinagoga, Maria cobriu-se com seu manto e, sem proferir palavra, caminhou ao lado de Jesus pelas ruas, por entre a turba de curiosos, que lhes davam passagem.

A sinagoga era pequena para abrigar toda aquela multidão. Os sacerdotes estavam dispersos lá dentro, com a inquietude gravada na fisionomia. Todos estavam desconcertados.

Sobreveio um silêncio profundo quando Jesus começou a falar. As pessoas ouviam suas palavras como que subjugadas, esquecendo a curiosidade que as tinha levado até ali.

Quando Jesus terminou, um dos fariseus acercou-se dele.

— Não és tu Jesus, o filho do carpinteiro José? E ousas dar a nós, os mais velhos, regras de conduta?

Jesus fitou-o calmamente.

— Por que fazes uma pergunta que tu mesmo podes responder? Pois todos os que aqui se encontram me conhecem.

— Dize-nos, então, onde foste buscar a sabedoria que proclamas. Não fomos nós que te ensinamos!

A multidão começou a inquietar-se. Entretanto com grande interesse aguardavam a resposta de Jesus.

— Assim poderias ter perguntado a Moisés; pois ele deu os Mandamentos da Verdade, do mesmo modo que eu.

Ressoou então um brado de revolta.

— Ousas igualar-te a Moisés?

Jesus aprumou-se altivamente. Seu olhar pousou naquela multidão excitada, exercendo sobre ela um domínio tão forte, que o silêncio sobreveio. As linhas de sua boca revelavam um certo desprezo quando retrucou:

— A ninguém me igualo!

Irrompeu um tumulto horrível. A assistência havia compreendido suas palavras e sua atitude. Punhos se ergueram ameaçadores; a multidão avançou em direção a Jesus, mas os seus discípulos formaram um cordão que impossibilitava a passagem de quem quer que fosse. Somente quando se viram rechaçados pela muralha formada pelos discípulos, sobreveio a calma.

— O que vos fiz eu, ó homens e mulheres de Nazaré, para assim me odiardes? São as exortações que vos fazem insurgir desse modo? Por que este rancor cego? Porque sou diferente de vós?

Novamente dele se acercou o fariseu.

— Dizem que tens poder de curar os doentes. Mostra-nos um milagre, para que possamos acreditar em tuas palavras!

Jesus sorriu, porém havia severidade no seu olhar quando disse:

— Lá onde minhas palavras não constituírem a prova mais evidente, um milagre não poderá trazer comprovação!

— Portanto não queres fazê-lo? escarneceu o fariseu, rindo.

Jesus mediu-o gravemente:

— Não!

O fariseu voltou-se para a multidão:

— Aqui, onde as pessoas não se acham inebriadas, as artes dele falham!

Um riso coletivo de escárnio encheu a sinagoga.

Nisso, então, uma mulher arrastou-se por entre a multidão. Antes que pudessem impedi-la, ajoelhou-se diante de Jesus.

— Senhor, implorou ela, vê as minhas mãos, estão paralisadas. Eu creio em ti, auxilia-me!

Sobreveio um silêncio de morte… Jesus baixou o olhar para a mulher, e permaneceu longo tempo em silêncio.

Um dos discípulos ergueu-a. Jesus, então, segurou as mãos da mulher entre as suas, e um grito irrompeu dos lábios dela. Depois, exclamou soluçando:

— Estou curada!

Jesus desceu do ponto elevado em que estava, e as pessoas se afastaram para lhe dar passagem. Deixando atrás de si a multidão num silêncio de perplexidade, Jesus retirou-se da sinagoga. Seus discípulos seguiram-no e juntos dirigiram-se para fora da cidade.

Jamais Jesus tinha estado tão circunspecto. Mas seus discípulos alegraram-se ao perceberem que ele, ao ar livre, finalmente recuperara o seu ânimo alegre.

Era tarde quando regressaram à casa de sua mãe. Maria tinha padecido horrivelmente durante as horas em que estivera só. Doíam-lhe todas as palavras dos fariseus, daqueles homens entre os quais estivera comprimida a fim de poder ouvir as palavras de seu filho. Doíam-lhe todos os termos afrontosos que ouvira.

"Esses homens não são dignos de que ele lhes fale! Como foram claras as suas palavras, como tudo era majestoso, e mesmo assim queriam ainda outras provas da Verdade, queriam milagres!"

A demora de Jesus fez com que ela se tornasse apreensiva. Teria ele padecido sob a brutalidade daquelas pessoas? Finalmente, tarde da noite, os discípulos regressaram, e por último chegou Jesus. Maria dirigiu-lhe um olhar angustiado, porém logo notou nos traços de seu semblante a expressão de um contentamento sereno.

— Partiremos amanhã, minha mãe, disse sorrindo.

Maria ficou desapontada e pediu-lhe que ficasse.

— Não pode ser, minha mãe. Terei de levar a Palavra a muitas pessoas ainda.

— Quão poucas, porém, dentre essas muitas criaturas, compreenderão as tuas palavras?

— Ninguém!

Maria fitou-o emudecida, e Jesus tornou-se mais grave ainda:

— Ninguém; nenhum ser humano, nem sequer meus discípulos!

Maria sentou-se em sua cadeira, e Jesus sentou-se a seu lado. Estavam a sós.

— Ninguém... disse Maria meneando a cabeça.

De súbito, Jesus tornara-se indizivelmente triste, e seus ombros ficaram caídos de cansaço. Seus olhos pareciam fixos no espaço.

— Mas isto seria desalentador! disse Maria.

— Desalentador... penso nisso frequentemente, minha mãe, mas mesmo assim prossigo. Talvez para o bem de duas ou três pessoas a quem possa ajudar!

— Jesus, o que te impele a fazer o bem aos seres humanos, se eles jamais te compreenderão?

— O amor!

Maria fitou-o sem compreender. Subitamente, tudo em Jesus resplandecia. Aprumou-se, sorriu e olhou para Maria com um olhar que exprimia um amor tão imenso, que ela estremeceu... Em seu íntimo despertou novamente o receio de que lhe pudessem tirar aquele filho.

— Tu amas os seres humanos, e eles pensam em tua destruição! Oh! Fica calado! Eu o sei como é. Quase que diariamente eles, os fariseus, vêm à minha casa, espreitando por uma palavra irrefletida. Querem saber quais os teus planos, querem saber quem julgas ser! Têm mais ódio de ti do que de Roma. És para eles o maior inimigo, pelo fato de a multidão te seguir! Sentem oscilar o poderio exercido há tanto tempo por eles, e por isso querem exterminar-te! Crê em mim, meu filho, vejo isso claramente, pressinto as suas artimanhas!

— Minha mãe, mesmo que fossem como as feras, sou obrigado a combatê-los, a enfrentá-los!

— Tens ainda a proteção dos ricos desta terra. Eles conhecem e consideram a tua influência e esperam que os libertes das cadeias de Roma. Pensam e esperam unicamente que organizes um exército, para finalmente expulsar os inimigos do país. Dize-me, tens esta intenção?

Jesus escutara-a até o fim, e então ergueu a cabeça e disse:

— Não, não tenho essa intenção! Não sou inimigo dos romanos!

A respiração de Maria estava ofegante. Ela, que se inclinara para frente para ouvir melhor sua resposta, caiu então para trás, de encontro ao encosto da cadeira.

— Tu não és inimigo dos romanos! E como poderias sê-lo?

Jesus não atentou para esta objeção.

— Meu inimigo são as trevas. É Lúcifer! Mas eu não venho para julgá-lo!

— Não te compreendo.

— Eu sei.

— Se não vens para exterminar Lúcifer, virá então outro?

— Virá aquele que trará o Juízo para todos os seres humanos, aquele a quem Deus destinou para esse fim. Essa época já não está distante!

Maria silenciava. "Então ele não é o Messias", pensou ela. "Como poderia, aliás, um romano tornar-se o eleito de Israel?"

No dia seguinte, Jesus partiu com seus discípulos.

Passaram-se meses. Apenas por intermédio de estranhos Maria recebia notícias do filho. Declarava-se agora abertamente a favor do filho e fechava sua porta aos fariseus. Suportava com calma a zombaria das pessoas de Nazaré e seguia o seu caminho em linha reta, sem olhar para a direita ou para a esquerda.

Certo dia, foi tomada de tamanha saudade de Jesus que ela não pôde resistir. Novamente abandonou seu lar e os filhos a fim de procurá-lo.

Os campos estavam floridos. A primavera tornava tão encantadoras todas as coisas, que Maria seguia o seu caminho igual a uma criança. De tudo se alegrava, sentia uma grata sensação de contentamento, por poder estar ao ar livre, recolhendo em seu íntimo a beleza da natureza. Jamais uma jornada lhe parecera tão fácil.

"Uma só vez vi a natureza linda como hoje; foi no dia em que encontrei Kreolus no bosque. E, depois, veio a dor profunda..." pensou ela, enquanto lhe perpassava a alma um pressentimento doloroso. Mas logo baniu todas as ideias pesarosas. Queria usufruir a beleza que se lhe oferecia!

E assim Maria atravessava a terra primaveril. Deixando aldeias e cidades para atrás, caminhava sempre adiante, em direção a Jerusalém.

No caminho ouviu falar de Jesus. As pessoas o consideravam como o maior profeta e diziam, mesmo, que havia revelado com bastante clareza ser ele aquele que estava por vir!

Maria assustou-se profundamente. Aquilo não era possível. Jesus havia dito a ela não ser ele aquele que trazia o Juízo; como, pois, podiam essas pessoas interpretá-lo desse modo? Quanto mais Maria se aproximava de Jesus, tanto mais a calma a abandonava. Ficava conhecendo pessoas cada vez mais entusiasmadas, e parecia que todos estavam tomados de uma espécie de delírio. Com semblantes extasiados falavam de Jesus, chamando-o o Salvador!

"Não permita ele que essa gente o arraste à perdição..." pensava Maria, cheia de receios.

"Se sucumbir à vaidade, a qual pretendem à força despertar nele, então estará perdido!"

Já não se concedia nem descanso, nem atraso. De toda a parte acorria gente a Jerusalém, para a festa da Páscoa. As estradas estavam fervilhando de gente. Levas intermináveis de pessoas dirigiam-se a Jerusalém. Podia-se dizer que algo se agitava em seus íntimos: o ardor de lutar. "Parecem guerreiros", pensou Maria.

Depois também ouviu dizer que homens de todas as regiões do país se encaminhavam a Jerusalém, para formarem um exército para Jesus. Os romanos deveriam ser surpreendidos por um levante. O governo de Jerusalém deveria ser deposto. Pretendia-se, em seguida, expulsar o inimigo do país, atacando-o de surpresa, e matar todos os que fossem apanhados!

Maria sentiu horror ao ouvir tudo isso. Tinha de apressar-se, sem parar, para poder advertir Jesus. Então o bom senso dos homens tinha se transformado? E não foram as palavras de seu filho que atearam aquela febre? Isso era uma loucura!

Maria atingiu Jerusalém completamente exausta. Encontrou a cidade repleta de fiéis de todas as partes do país. Era a festa da Páscoa que atraía o povo. Às primeiras pessoas que encontrou perguntou por Jesus. Responderam-lhe que ele estava sendo esperado. Involuntariamente, Maria sentiu-se mais calma, pois pensava com isso ter ganho algum tempo. E formulou planos para demover Jesus de seu intento, ou para induzi-lo a permanecer afastado de Jerusalém. Mas logo depois desistiu. Sentia-se desanimada e temerosa. E não é que em seu íntimo soavam repetidas vezes as palavras "tudo em vão", interrompendo o curso de suas ideias? Não lhe bastavam as suas lamentáveis tentativas de determinar a vida de Jesus? E assim esperou pelo filho em Jerusalém, sozinha e isolada entre milhares de pessoas, pois fugia receosa de todos os seus conhecidos.

Finalmente, certo dia, alguns emissários percorreram a cidade, anunciando a vinda do profeta. Uma onda de exaltação perpassou as pessoas. Maria notou que um ardor febril surgira em todos os semblantes. Pessoas arrebatadas falavam nas estradas aos que passavam, gesticulando alvoroçadamente. Apenas alguns poucos olhares apresentavam um fulgor irradiante e transbordavam de ansiosa alegria, mas destes Maria encontrou bem poucos. Com muito mais frequência se assustava com fisionomias rudes e indômitas.

Começaram a ornamentar as ruas. As casas foram enfeitadas profusamente, adornando-se-lhes portas e janelas com ramos verdes. A entrada principal da cidade estava engalanada como se esperassem a chegada de um príncipe.

Apavorada Maria via aqueles preparativos. Naquelas pessoas todas, que não sabiam como demonstrar seu amor por Jesus, via apenas inimigos de seu filho. "Com esse seu entusiasmo exagerado estão impelindo-o para o abismo!" pensou Maria, cheia de medo.

Logo depois ela estava entre a multidão que abria passagem nas ruas para Jesus entrar na cidade. Vinha ele montado em um jumento, e, ao seu lado e atrás, caminhavam os discípulos.

O júbilo ressoava pelos ares:

— Hosana ao filho de Davi!

As pessoas espalhavam flores em seu caminho, estendiam seus mantos para que o festejado não precisasse tocar o chão com seus pés, e gesticulavam como doidos. Maria, tremendo e com receios, estava entre aqueles que davam expansão ao seu júbilo. Ela era simplesmente uma pessoa a mais entre aquelas todas. Jesus necessitaria dela? Sentiria de novo vontade de descansar a fronte em suas mãos, como fizera outrora?

Lentamente duas lágrimas rolaram pelas faces de Maria. Então, esgueirando-se por entre o povo, afastou-se, correu, tão rápido quanto pôde, através daquelas ruas apinhadas de gente, em direção ao albergue em que se hospedara. Longas horas permaneceu deitada sobre o estreito leito, sem pensar em nada, apenas sentia na alma uma opressão que quase a sufocava. Ergueu-se, depois, cambaleante. "Preciso ir ao encontro dele! Preciso!" Murmurava essas palavras, repetindo-as seguidamente. Sem pensar no que fazia, alisou as vestes com as mãos, ajeitou seu lenço de cabeça e depois deixou a hospedaria.

Caíra a noite. Os últimos lampejos da penumbra iluminavam as ruas. Maria correu até o templo, onde esperava encontrar Jesus. Mas deparou com o átrio deserto e apenas um grupo de homens ainda jovens que falavam em voz baixa. Maria aproximou-se e tocou no braço de um deles, que se virou assustado. Maria olhou suplicante para ele, hesitou um instante, e perguntou-lhe:

— Viste Jesus?

— Jesus? Quem não o veria? Jerusalém inteira fala nele!

— Eu o procuro, onde está ele?

— Foi para Betânia; é lá que mora.

Maria deixou pender a cabeça. Percebia-se a sua decepção ao falar:

— Para Betânia... E esteve aqui no templo?

— Sim, esteve. E implantou a ordem aqui! O jovem aprumou o corpo; seus olhos faiscaram. Sim! Ele expulsou os mercadores e os cambistas, limpou a casa do Senhor, e os fariseus e os escribas tiveram medo dele!

Maria fixou o olhar no jovem, como se não compreendesse o sentido de suas palavras. Acenou com a cabeça várias vezes; murmurou algumas palavras de agradecimento, e deixou o templo. Pôs-se a caminhar um longo tempo pelas ruas, o porte ereto e o semblante estarrecido.

Não lhe foi possível, naquela noite, conciliar o sono. Presa nas garras dos acontecimentos que estavam iminentes, via com pavor aproximar-se todo o sofrimento e, trêmula, escondeu a cabeça entre os braços. Nem tocou em seu leito, permanecendo sentada na cadeira onde se deixara cair exausta ao regressar. Maria padeceu naquela noite uma parte das dores que lhe estavam reservadas.

No dia seguinte, dirigiu-se ao templo e lá esperou pelo filho, em meio a muitas pessoas que faziam o mesmo.

E Jesus veio…

Maria estava no fundo do templo, e não lhe foi possível avançar para a frente.

E Jesus falou…

Maria lá estava com a alma aberta, sorvendo as suas palavras. Não, essas não encerravam revolta contra Roma. Era paz, era amor ao próximo o que Jesus pregava! Maria respirou aliviada. Quando Jesus terminou a sua oração, dele se aproximaram os fariseus e fizeram-lhe perguntas nas quais se insinuavam as mesmas emboscadas que os nazarenos haviam posto em suas indagações. Em vão Maria tentou aproximar-se de Jesus. Ela não sabia fazer valer a sua voz. Tornava-se cada vez maior o número de pessoas que se comprimiam em sentido contrário, pois todos deixavam o templo, esforçando-se por alcançar a saída. Ao conseguir finalmente avançar, encontrou deserto o lugar onde Jesus se achava, pois ele já havia deixado o templo.

Triste e desanimada, Maria não procurou mais, porém estava um tanto consolada por saber que Jesus não mudara. Havia ainda aquela mesma pureza infantil no seu olhar, naqueles olhos que, não obstante, tinham um quê de desafiadores. Seus lábios estavam vincados por linhas dolorosas, apesar do seu sorriso cheio de bondade. Pensativa, Maria continuava seu caminho. De repente, estacou. Dissipara-se a sua calma, tensos estavam todos os traços de seu semblante.

"Preciso ir ao encontro dele! Como pude perder tanto tempo?…"

Apressadamente dirigiu-se para o portão da cidade. Já ia anoitecendo, ao deixar ela a cidade atrás de si. Resolutamente se pôs a caminho de Betânia. "Não vá eu errar o caminho! Está caindo a noite, e nenhuma luz de estrela transpõe o negrume das nuvens." Maria apressou cada vez mais o passo, enquanto ainda lhe era possível reconhecer o caminho. Subitamente se pôs a espreitar, ouviu passos que se aproximavam dela, passos pressurosos, pesados e quase como tropeços. Maria escondeu-se numa ramagem que ladeava o caminho. Temia encontrar um homem desconhecido àquela hora da noite, pois muita gente má costumava vaguear pelas estradas, assaltando os viajantes.

As nuvens que até então encobriam a lua afastaram-se, e uma luz pálida iluminou a paisagem. Um homem aproximava-se. Maria escondeu-se mais na vegetação, para não ser vista pelo vulto que se aproximava. Quase prendeu a respiração...

Agora ouvia que os passos estavam bem perto, e viu o homem. Quis adiantar-se, gritar, mas estava como que tolhida. Durante alguns segundos permaneceu em silêncio, imóvel. Aquele homem de olhar fixo, cujos traços desfigurados o tornavam quase irreconhecível, quase desumano, era um dos discípulos de seu filho: era Judas Iscariotes!

Depois de ele ter passado, Maria vagarosamente saiu do seu esconderijo. Tremiam-lhe os joelhos. Comprimiu as mãos de encontro ao peito, sentiu faltar-lhe a respiração e o sangue a pulsar surdamente nas têmporas. Quis correr atrás de Judas, quis detê-lo, mas não conseguiu dar um passo. "Detém-no!", ouviu bradar em seu íntimo, mas apenas caiu meio desfalecida à beira do caminho. Dali a pouco, porém, ergueu-se repentinamente e continuou pressurosa o seu caminho pela noite adentro. Errou, então, completamente o caminho, pois a escuridão era tão densa que nada mais conseguia distinguir. E assim andou vagando... sem saber por quanto tempo.

Finalmente, depois de procurar horas a fio, ao surgir a lua entre as nuvens, viu-se novamente nas proximidades de Jerusalém. A pouca distância estava a estrada que levava a Betânia. A lua espalhava sobre toda a região uma luz quase tão clara como a luz do dia. Maria ficou ali parada na estrada, refletindo se deveria dirigir-se novamente a Betânia, quando ouviu ao longe passos ritmados de soldados que se aproximavam. Então, ela tomou o caminho em direção a Jerusalém.

"Amanhã certamente o verei", assim se consolava. Os passos, nesse ínterim, cada vez mais se aproximavam. Maria pôs-se a esperar, à beira do caminho. Seu olhar voou ao encontro dos soldados. A luz da lua refletia-se em cintilações prateadas nos capacetes dos soldados que, assim cobertos, tinham os rostos imersos em sombra. De todos, apenas um, que marchava no meio, trazia a cabeça descoberta.

"Aquele é o prisioneiro!" pensou Maria, sentindo agitar-se em seu íntimo um sentimento piedoso. "O que terá feito esse homem ainda jovem?" Então um grito saiu de seus lábios, e ela levou as mãos aos olhos como querendo certificar-se de que não estava sonhando, ali em meio da estrada. Aquele homem, em quem há bem pouco vira apenas um jovem, de quem se condoera, era... Jesus!

Maria deixou que o cortejo passasse por ela. Um grupo de homens seguia os soldados a pequena distância. Deu um passo ao seu encontro; eram os discípulos.

— Parai! disse Maria erguendo parcialmente o braço. João foi o primeiro a reconhecê-la. Acercou-se dela, que estava cambaleando, e amparou-a em seus braços.

— Mãe Maria, disse em voz baixa, eu estou a teu lado e irei conduzir-te para casa.

— Para casa? Maria fitou-o com olhar interrogativo. O que há?... Por que conduzem Jesus com as mãos amarradas?

— Foi caluniado e traído. Dizem que ele tem planos contra Roma. Mas é um engano. Amanhã mesmo tudo será esclarecido, e então ele será posto em liberdade.

— Amanhã! proferiu Maria pesarosamente. E, enquanto os demais apressavam os passos para seguirem Jesus, João acompanhou-a.

— Apressai-vos! disse João, permanecei ao lado dele e, se por mim perguntar, avisem que fui acompanhar Maria. Em breve vos seguirei.

Maria caminhou a seu lado, sem proferir palavra. Foi João quem rompeu o silêncio.

— Maria, teu filho está protegido, pois é o Filho do Supremo. Nada temas! Vê, ele veio até nós para nos trazer a Palavra do Senhor. Edificará Seu reino neste mundo e reinará sobre todos os povos.

Maria meneou a cabeça.

— Jamais! Jesus não é aquele que Isaías anunciou. Ele mesmo me disse isso! Ele está nas mãos de seus inimigos, e eles o eliminarão.

João silenciou durante longo tempo. Sentia novamente o pesadelo que o acometera horas antes do momento da detenção. A tristeza que Jesus tão nitidamente havia demonstrado nessa noite, e as suas palavras: "Um de vós me trairá", e as horas que Jesus passara no jardim de Getsêmani, sofrendo intensamente; tudo estava presente no espírito de João, infundindo-lhe receios. Pressentia aproximar-se algo horrível, e tentou em vão reprimir aquelas apreensões. Junto àquela mulher, padecia as mesmas dores que ela sofria; trazia em seu íntimo a mesma expectativa cheia de receios. Estavam ligados em sua dor e sentiram unificar-se.

Depois de deixar Maria, João correu em busca de seu Senhor, procurando-o até encontrá-lo. Maria tinha ficado num estado de extrema exaltação. Tomada de inquietude, ela revolvia-se no leito, deixando escapar dos lábios frequentes gemidos; seus pensamentos giravam continuamente em torno da inocência de Jesus.

Pálida rompeu a manhã. Ela então levantou-se. Da noite para o dia, Maria envelhecera. Deixou a casa arrastando-se com dificuldade. As ruas já estavam apinhadas de gente; todos se acotovelavam seguindo numa só direção. Maria, indiferente, qual uma casca de noz, deixava-se arrastar pela torrente até alcançar a casa de Pilatos. Uma enorme multidão lá se encontrava em expectativa. No meio dela estavam os fariseus e os escribas, incitando as pessoas contra Jesus, com palavras exaltadas, cheias de fúria e de revolta. Maria nada ouvia. Permanecia parada, com os olhos fixos na casa de Pilatos.

Surgiu, então, no terraço, o governador romano. Fez-se subitamente um silêncio de morte. Pilatos permaneceu calado longo tempo. Depois, com voz potente, disse:

— Sabeis que no dia de hoje o imperador costuma conceder perdão a um dos prisioneiros. Hoje foi-me confiado Jesus de Nazaré; não vejo nenhuma culpa nele. Que seja, pois, libertado!

O povo começou então a agitar-se.

— Não! Dê-nos Barrabás, o assassino! bradavam.

Pilatos meneou a cabeça reprovando, e voltou para dentro da casa. Logo depois reapareceu, trazendo Jesus.

— Vede! Que homem! exclamou Pilatos.

Nisso, uma voz estridente bradou:

— Crucifica-o!

Proferidas essas palavras, sobreveio um profundo silêncio… Em seguida irrompeu uma gritaria que durou alguns minutos. E depois novamente se fez ouvir aquela voz:

— Ele se intitula rei dos judeus e Filho de Deus! Crucifica-o!

Pilatos levantou o braço, dirigindo-se depois a Jesus.

— Falam eles a verdade?

Jesus não respondeu.

— Responde! Intitulas-te Filho de Deus?

Jesus respondeu-lhe:

— Eu o sou!

Pilatos retrocedeu um passo. Sentiu-se tomado de medo.

— Eu não vejo nenhuma culpa nele, bradou novamente para a turba.

E pela terceira vez chegou a seus ouvidos aquela voz estridente:

— Não és amigo do imperador se o poupares, ele que trama contra a coroa imperial!

— Crucifica-o! Crucifica-o! bradava a multidão, que dias antes fizera o ar vibrar com os seus "hosanas".

Pilatos deu de ombros.

— Não participo deste assassinato, bradou mais uma vez. Depois se aproximou de Jesus e fitou-o. Mas estremeceu sob o olhar do Filho de Deus. Fez ainda um gesto de desânimo e retirou-se apressadamente para o interior da casa.

Punhos rudes agarraram Jesus e levaram-no dali. O povo ficou esperando até que se abrisse o portão do pátio, surgindo os soldados com sua vítima. Haviam trançado uma coroa de espinhos e colocaram-na à força na cabeça de Jesus. Corria-lhe o sangue na fronte e pelas faces.

Colocaram em seus ombros uma pesada cruz, que ele deveria carregar até o lugar do suplício. A multidão começou a agitar-se. Palavras injuriosas e torpes voaram pelo espaço, e aquele povo todo irrompeu num júbilo, que rugiu em torno do Filho de Deus, igual a um mar tempestuoso.

Os soldados, com as suas lanças, abriram passagem entre a multidão. Quase não atentavam para o povo, que com aquele ódio lhes parecia vil e baixo. Jamais as ruas tinham apresentado tamanho movimento. Todos queriam assistir ao ultraje que era infligido a Jesus.

Maria estava no meio da multidão como que entorpecida. Ouvia as maldições dirigidas a seu filho, mas não as assimilava. Não percebia o escárnio e a rebeldia do povo para com Jesus, por ele ter declarado em público que era o Filho de Deus.

Nisso se aproximou dela o grupo de soldados que conduzia Jesus. Maria estremeceu profundamente ao ter que contemplar o quadro que se lhe oferecia. Em seu íntimo levantou-se, então, como que um brado, que só ela ouvira:

"Se tu és o Filho de Deus, hás de agora ser bom! Volve-me, a mim, tua mãe, um olhar, o derradeiro antes de partires!"

E Jesus, que não atentava para as pessoas que lhe davam passagem, ergueu a fronte; seus olhos pousaram alguns segundos nos de Maria e os seus lábios entreabriram-se num sorriso que encerrava em si todas as dores. E ele seguiu adiante…

Maria arremessou-se para a frente e conseguiu acompanhá-lo mais alguns passos, depois caiu desfalecida, bradando: "Meu filho!" Alguém a ergueu; ela voltou a si e, empurrando para o lado o homem que a levantara, seguiu Jesus ao Gólgota.

Três vezes o Filho de Deus caiu sob o peso da cruz. Finalmente, um dos soldados dirigiu-se a um homem de aspecto vigoroso, que vinha pela estrada.

— Alto! bradou-lhe o soldado bruscamente e em tom imperioso. Em seguida tirou a cruz dos ombros de Jesus e arrastou-a pelo chão até o homem. Leva-a até o Gólgota! ordenou. Depois ergueu Jesus, que desfalecera, e o empurrou para a frente.

Alcançaram finalmente a colina. Divisava-se, já ao longe, duas cruzes que se destacavam, escuras, do céu matutino. Dois indivíduos crucificados pendiam das cruzes, com os semblantes desfigurados. Um deles praguejava horrivelmente.

Os soldados levantaram a cruz. Era pequeno o grupo de pessoas que acompanhara Jesus até o local.

Estavam reunidas, profundamente abaladas, com os olhares fixos em Jesus. Esperavam todos por uma última palavra do Senhor. Mas Jesus silenciava... Não fazia movimentos, não tentava afastar os espinhos de sua fronte. Esperou até que os soldados dele se acercassem, o despissem e lhe passassem a corda que deveria suspendê-lo na cruz. E ao terminarem sua horrível tarefa, quando lhe pregaram as mãos e os pés na cruz, parecia que Jesus já havia abandonado seu corpo, tamanha era a impassibilidade com que suportava todo o sofrimento. Só mais tarde um gemido escapou de seus lábios. Rompeu então uma gargalhada brutal ao pé da cruz.

— Prova agora, escarneciam, que és o Filho de Deus e desce da cruz!

— Se és Filho de Deus, ajuda-te a ti mesmo.

Jesus a tudo isso nada respondia; permanecia calado.

Os dois outros crucificados começaram a mover-se. Um deles se desfez em medonhas imprecações. O outro, porém, volveu a cabeça para Jesus:

— Senhor! implorou.

Jesus entendera a sua súplica e disse:

— Ainda hoje estarás no Paraíso!

O pecador então baixou a cabeça e faleceu.

Ao ouvir a voz do filho, Maria levantou-se. E ele lhe disse:

— Não estás abandonada, não chores. Vê, este é teu filho; e tu, João, vê, esta é tua mãe!

João abraçou Maria. De novo sobreveio um silêncio profundo. Avizinhava-se a morte, fazendo-se notar até na natureza. A atmosfera tornou-se opressiva e pesada; as ervas, as flores e os arbustos pendiam como que extenuados.

— Tenho sede! murmurou Jesus profundamente esgotado.

Um dos soldados embebeu uma esponja, fincou-a numa vara e estendeu-a a Jesus.

Novamente se fez silêncio. Maria estava ao pé da cruz, apoiada em João. Não se lamentava; somente seus olhos refletiam a dor que ela suportava. Ninguém dentre os aflitos reunidos ao pé da cruz ousou romper o silêncio. E os soldados estavam apartados num canto, procurando sombra perto de alguns arbustos, protegendo-se assim contra a inclemência do sol abrasador.

Soaram então, partindo da cruz, as seguintes palavras:

"Pai! Em Tuas mãos entrego meu espírito!"

Ouviu-se um leve gemido, e a cabeça de Jesus pendeu...

As pessoas que lá estavam, não ousaram mover-se; quedaram-se de pé, como que tolhidas… Depois, então, caíram de joelhos.

Ecoou um som sibilante, lembrando o estalo de um chicote. Um uivo feroz atravessou os ares. Escureceu-se o céu; tremeu a terra… Assim a natureza exprimia a sua dor.

Aterrorizados, os soldados ergueram-se dum salto e fugiram. Apenas um deles se aproximou lentamente.

— Em verdade, ele é o Filho de Deus! proferiu, encobrindo o semblante com as mãos.

Somente então apoderou-se dos discípulos uma dor desvairada, que excedia a todo o sofrimento anterior.

— Nós o perdemos! Estamos sós, abandonados! bradou André em tom desesperador. E com sua voz expressava os lamentos de todos.

Maria conservava-se perfeitamente calma.

— Ele vos amava, não vos lamenteis! depois ela se sentou no chão, ao lado de João.

Quanto tempo estiveram a esperar por alguma coisa, não o sabiam. Mas, subitamente, aproximaram-se dali alguns homens. O que vinha à frente, homem alto e formoso, caminhava apressadamente, mas estacou de repente, ao ver a cruz. Cheio de espanto e surpresa, seu olhar fixou-se no semblante de Jesus. Em seu rosto surgiu então uma expressão de dor. Deu mais dois passos e estava junto da cruz:

— Demasiado tarde! Oh, Senhor! Partiste sem me dizeres uma última palavra! Senhor, a quem devo eu servir, a não ser a ti? Para que viverei ainda?

Abraçando-se à base da cruz, caiu por terra. Seus companheiros, dentre os quais também se viam soldados romanos, permaneciam distanciados e esperaram até que ele de novo se erguesse.

Aproximaram-se, então vagarosamente. Um dos discípulos dirigiu-se a ele, estendendo-lhe a mão:

— José de Arimateia!

— Demasiado tarde soube deste crime. Agora estou aqui para sepultá-lo, disse virando-se para o lado, a fim de esconder suas lágrimas.

Um soldado aproximou-se da cruz e espetou sua lança no flanco do crucificado. Dali jorrou sangue e água.

— Está morto! disse ele calmamente.

José de Arimateia estremeceu, como que atingido por uma dor física. Depois ordenou que descessem o cadáver. Quando Jesus foi colocado sobre um manto que José havia estendido, ele ajoelhou-se e untou o corpo com bálsamo. Depois o envolveu num pano de linho e mandou que o levassem ao sepulcro que havia preparado para si mesmo.

Uma pesada pedra fechava a entrada do túmulo, cavado na rocha.

Rompeu a manhã da Páscoa, espalhando sua luz brilhante sobre a região. Algumas mulheres caminhavam em direção ao sepulcro do Filho de Deus. De semblante grave e caladas iam pelas campinas. Logo alcançaram o sepulcro, mas foi com espanto que viram a abertura escancarada à sua frente. O bloco de pedra havia sido afastado e encontrava-se a pequena distância.

Tremendo, as mulheres entraram na estreita câmara do sepulcro: estava vazia! Encontraram no chão um pedaço de linho, única coisa que restava de Jesus.

Em Jerusalém, João estava ao lado de Maria:

— Já está tudo realizado, mãe. Levamos o cadáver para onde querias! Agora o seu corpo está em lugar seguro, protegido da curiosidade e arbitrariedade das pessoas. Jamais o povo saberá onde repousa o seu corpo.

Enquanto ele proferia essas palavras, apareceu-lhes o Filho de Deus, abençoando-os com as mãos erguidas e sorrindo para eles.

João tomou a mão de Maria:

— Viste-o, mãe?

— Ele vive; está conosco, respondeu Maria, tranquilamente.

Depois, inclinando a cabeça, disse em voz baixa:

— Só agora, João, é que me vem o reconhecimento, agora que a minha vida acabou, que passou como um breve instante que eu permiti que se dissipasse inaproveitado. A finalidade de minha existência, antes desta hora, eu não havia compreendido!

E erguendo as mãos exclamou:

— Senhor! Doravante não sou digna de ser tua serva! o desespero ia se apoderando dela.

João silenciou. Não conseguiu encontrar uma palavra que a consolasse. Finalmente, Maria reanimou-se; ergueu-se e preparou-se para partir.

— Para onde te sentes impelida?

— Quero voltar para o meu lar, tentar encontrar sossego trabalhando e cuidando de meus filhos.

— E acreditas que assim ages bem? É deste modo que tentas reparar as tuas falhas? Ao invés de agora empregares alegremente todas as tuas energias para servir a teu filho, pretendes retornar à tua vida cotidiana. Teus filhos necessitam tanto assim de ti? E não tens o dever de te tornares uma pessoa cheia de alegria e de servir a Deus?

Maria, sem dizer palavra, fitava João com admiração. Em seu íntimo travava-se uma luta violenta. Mas, em seguida, irrompeu clara e vitoriosamente o que havia permanecido em silêncio durante anos. Num repente se modificou a expressão do seu semblante:

— Sim! Quero!

João estendeu-lhe as duas mãos…

Ambos deixaram a cidade. Maria retornou ao lar mais uma vez. Colocou tudo em ordem e despediu-se, depois que o filho mais velho se casara, confiando tudo à mulher dele.

Maria dirigiu-se então ao mar da Galileia, para a casa de João.

Aproximava-se a festa de Pentecostes. Então Maria não mais suportou ficar na Galileia e apressadamente partiu para Jerusalém. Lá encontrou os discípulos em grande regozijo. Todos, quase que diariamente, viam seu Senhor, que como antes se demorava entre eles e lhes falava.

Os discípulos sentiam-se cada vez mais unidos uns aos outros. Sentiam intimamente despertar novas energias neles e cada vez mais ardente se tornava o desejo de expandirem-se.

Certo dia dirigiram-se a Betânia, e Jesus andava à frente deles. Perto dele os discípulos ficavam felizes. Subitamente, porém, todos sentiram que aquela era a última vez que peregrinavam em sua companhia.

De repente Jesus se elevou acima deles, e pareceu-lhes que se distanciava. Detiveram-se e tentaram dominar o seu temor.

Então Cristo Jesus ergueu as mãos. E mais uma vez os discípulos sentiram seu amor, suas advertências, e sua

Palavra estava presente, viva diante deles. Os seus espíritos galgaram grandes alturas, numa afirmação de júbilo, e receberam a bênção do Filho de Deus... Lentamente Jesus, que pairava acima deles, desapareceu.

Maria viu os semblantes transfigurados dos discípulos que regressavam, ouviu suas palavras e compartilhou de sua alegria.

Até o dia de Pentecostes, entretanto, guardaram silêncio completo para com todo o mundo. Mas depois, subitamente, suas línguas se desataram. O Espírito de Deus preenchia-os e falava por intermédio deles. Surgiu de novo a Palavra de Jesus, despertou e foi levada para outros países. Vitorioso foi o início. Os discípulos lutavam com todo o ardor e procuravam tornar acessível a Palavra do Senhor aos espíritos fechados. Ensinavam e peregrinavam pelo mundo, espalhando a semente, para que vingasse e produzisse frutos.

Maria desfizera-se de todo o passado e mantinha-se à altura dos discípulos de Cristo. Tudo o que era difícil, a ela se tornava fácil. Mas não lhe foi dado participar de tudo aquilo por muito tempo, pois uma grave enfermidade a acometera, tirando-lhe todo o ânimo. Desesperada, mantinha-se no leito.

— Senhor, agora não aceitas mais as mãos que querem trabalhar para ti. Desprezas-me por eu ter faltado outrora aos meus deveres, lamentava Maria em voz baixa.

João ouviu essas palavras e não se conteve:

— Mãe, disse ele gravemente, tu estás te contrapondo a Deus! Dá-lhe graças por teres sido elucidada antes de ter de deixar a Terra!

Maria emudeceu. As palavras de João tinham-na feito enrubescer.

— Quero servir-te, Pai do céu. Concede-me mais uma oportunidade de servir-te!... Permite que ainda continue a viver!

Suplicando com fervor, os lábios de Maria proferiram essa oração. Uma sombra penetrou pela janela e pousou em seu semblante. Maria sorriu, feliz como uma criança. Não é que seus ouvidos percebiam uma música longínqua? E não é que pelo aposento ressoavam jubilosos acordes?

— Jesus, balbuciou ela quase imperceptivelmente. Pareceu-lhe então que uma mão suave lhe afagava o semblante. Desfez-se em doçura o que ainda havia de rígido e amargo em seus traços, extinguindo-se como um sopro diante da paz celestial que transfigurava o semblante daquela que deixara a Terra...

FATOS DESCONHECIDOS DA VIDA DO FILHO DE DEUS, JESUS

Era um belo dia de verão. O sol declinava e seus raios refletiam-se no espelho cintilante do lago, espalhando uma claridade áurea pelas redondezas.

Pensativo, caminhava um peregrino pela estrada arenosa. Trazia na mão direita um longo bastão e a esquerda pendia levemente. Seus movimentos eram naturais e nobres, e seus passos quase não deixavam vestígios na poeira da estrada. Em sentido contrário, vinha por essa mesma estrada um rebanho de carneiros, seguido por dois grandes cães. Fatigado, o pastor vinha atrás.

O peregrino afastou-se para um lado e com olhar amoroso fitou o rebanho que passava. Os animais, como que atraídos por sua bondade, sentiram-se impelidos para ele, e alguns cordeirinhos pararam à sua frente, e parecia que aguardavam que lhes dispensasse uma particular atenção. Com sua bela mão o peregrino acariciou as cabeças lanosas, tomando em seus braços o menor de todos.

Nesse meio-tempo aproximou-se o pastor que curiosamente observava o viajante e saudou-o.

— Amas tanto assim os animais, forasteiro? perguntou surpreendido. Meus carneiros habitualmente são ariscos, mas... serás tu também um pastor?

— Talvez o seja algum dia, respondeu ele sorrindo, e cuidadosamente pôs o cordeirinho no chão.

Nesse momento o pastor notou que o peregrino era bastante jovem, pois, ao vê-lo de longe, pareceu-lhe um homem já maduro. Suas feições bem-proporcionadas denotavam traços de nobreza. Os cabelos e a barba estavam bem cuidados, contudo notava-se que já há algum tempo não eram aparados. "Talvez ele tenha feito uma promessa", pensou.

— Como se chama aquele povoado próximo ao lago? perguntou o jovem.

— Tiberíades, respondeu o pastor.

O peregrino agradeceu amavelmente e continuou seu caminho, rumo ao povoado. Próximo ao lago algumas crianças brincavam e mal se aperceberam da passagem do peregrino, habituadas que estavam com estrangeiros. O andarilho parou junto a um grupinho e, sem interromper os garotos, observava suas brincadeiras. Eles haviam feito algumas covas na areia e esforçavam-se por conseguir que a água entrasse nelas.

— Empresta-me teu bastão, exclamou de repente um dos pequenos ao viajante; quero fazer um canal descendo até ao lago.

O moço de bom grado cedeu seu bastão, porém avisou sorridente ao menino que a água jamais correria para cima. O garoto compreendeu-o perfeitamente, mas não ficou satisfeito.

— Vou rogar a Deus para que dê outro curso à água, disse em tom imponente. Ele certamente me atenderá, pois sou filho do sacerdote.

Espantado o peregrino retrucou:

— Meu pequeno, como podes dizer tal coisa? Acreditas que Deus transformaria Suas leis, que são eternas, só para satisfazer uma brincadeira?

— Mas não o seria pela brincadeira, exclamou ele com obstinação. É para provar a Sua força. Se Ele é o Todo-Poderoso, então Ele o fará!

"As crianças são semelhantes aos adultos", suspirou o peregrino. E, dirigindo-se com amabilidade ao garoto, que mal-humorado o encarava, disse-lhe:

— Deus é tão elevado que não tem necessidade de provar o Seu poder aos seres humanos. Eles poderiam saber bastante disso, se quisessem acreditar Nele.

— Tens razão, estrangeiro! disse uma voz por detrás dele.

Era uma mulher que se aproximara despercebidamente e que havia escutado as últimas palavras dele.

— E tu, Benjamim, procedes mal falando assim, repreendeu ela o garoto, que correu a esconder-se entre as pregas de sua saia, pronunciando um "mamãe" assustado e arrependido.

— Não vale a pena dar atenção a esta criança boba, disse a mulher. Vejo que estás em viagem; até onde pretendes chegar hoje?

— Até o próximo povoado, para ver se encontro lá um pouco de pão e um lugar para pernoitar, respondeu amavelmente o moço.

— Vem comigo até nossa casa. Meu marido é sacerdote e te fará esquecer as palavras tolas do meu filho.

Isso foi dito em tom firme, deixando perceber que a mulher se alegrava verdadeiramente em poder lhe oferecer alguma coisa. O peregrino agradeceu e os três tomaram o caminho estreito que levava a uma fileira de casas situadas a oeste.

Tiberíades era um pequeno povoado de pescadores. Barcos estavam enfileirados na praia e outros balouçavam sobre o lago. Os pescadores estavam ocupados no preparo das redes para a pescaria que fariam à noite. Esse trabalho interessou vivamente o estrangeiro, que jamais tivera oportunidade de presenciar isso. Amavelmente fez algumas perguntas ao pequeno Benjamim e este, perdendo a timidez, respondia a tudo com a melhor boa vontade. Finalmente chegaram a uma casa asseada, rodeada de um pequeno jardim.

— Como é bonito! exclamou o hóspede, inclinando-se para as flores multicoloridas. Em nossa região também temos jardins iguais a este.

— Onde moras? quis saber a mulher.

— Em Nazaré. Sou Jesus, o filho mais velho do carpinteiro José.

— Então entra em nossa casa, Jesus, e sê bem-vindo. Meu marido está fora e só mais tarde voltará.

Ela serviu pão, leite e peixe, e depois ofereceu ao visitante uma cama para passar a noite.

Na manhã seguinte o sacerdote e seu hóspede passeavam pelo jardim e entretinham-se em animada conversa.

— Tiveste bons professores, Jesus, disse Gedeão. Deves ter lido muito, pois és bem instruído em tudo! Pena que com esse rico saber não tenciones servir como auxiliar em um de nossos templos.

Gedeão ficou olhando para Jesus, esperando uma aprovação ou explicação, mas como não obteve resposta ele continuou:

— Que pensas fazer no futuro?

Jesus procurava palavras que lhe facilitassem explicar sua intenção ao anfitrião, quando este continuou:

— Não é a curiosidade que me impele a fazer-te estas perguntas, Jesus. Tu me agradas e necessito de um auxiliar no meu trabalho. Gostaria de te propor que ficasses aqui em troca de uma remuneração. Não é necessário que te decidas imediatamente. Amanhã tenho muitos afazeres, e se quiseres me auxiliar um pouco ficarás sabendo como é o trabalho. Que pensas disso?

Gedeão falava com grande bondade. Jesus notou-o e concordou em ajudá-lo nos dias seguintes. Talvez assim pudesse encontrar aí o começo da missão que de agora em diante deveria preencher sua vida. Nesse momento, de dentro da casa alguém chamou o sacerdote. E Jesus continuou seu passeio pelo jardim florido enquanto refletia.

Na solidão do deserto, tinha ficado ciente de quem era ele e da finalidade pela qual seu Pai o havia enviado à Terra. Sabia que devia trazer aos seres humanos a Verdade perdida e o saber de Deus, que estavam enterrados, para assim salvá-los do abismo, para o qual se precipitavam. Mas como deveria se aproximar dos seres humanos? Devia fazer como João Batista? Talvez devesse ir procurá-lo e pedir-lhe conselhos? Muitas vezes Jesus refletia sobre isso, mas sempre chegava à conclusão que o seu caminho não podia ser igual ao de João. Tinha de seguir um caminho novo, precisava agir de maneira diferente da dos mensageiros que o haviam precedido.

Uma risada infantil interrompeu seus pensamentos. Seguido por um cãozinho travesso, Benjamim corria ao seu encontro. Chegaram ofegantes, e Jesus saudou-os com alegria.

Logo em seguida a mãe do garoto aproximou-se e disse a Jesus que ia visitar uma enferma, perguntando-lhe se queria acompanhá-la. Ele aquiesceu com prazer, apesar do pedido insistente de Benjamim para que ficasse com ele no jardim e lhe contasse o fim da história começada pela manhã.

Durante o trajeto, Raquel, a mulher do sacerdote, falou-lhe sobre a doente. Era uma viúva que trabalhava para a própria subsistência e de sete filhos pequenos. Agora estava doente, acometida de febre alta e sem esperanças de restabelecimento.

— O médico é de opinião que se ela conseguisse dormir já ajudaria, concluiu a mulher com um suspiro.

Chegaram então a uma humilde choupana onde entraram. O ambiente era triste e denotava falta de trato, devido à longa enfermidade da mulher. Emagrecida e febril, a mulher agitava-se sob as cobertas. Notando a presença dos visitantes, ela fixou os olhos em Jesus.

— Quem é esse homem? apressou-se em perguntar.

— Nosso hóspede, respondeu afavelmente a mulher do sacerdote. Ele é um rabi sábio.

— Senhor! exclamou a doente com voz estridente. Tu, que és sábio, dize-me como posso descobrir a bondade de Deus em minha doença? Minha casa já está abandonada, e se eu tiver de morrer meus filhos estarão perdidos!

Essa frase foi dita com um soluço. Jesus, então, aproximou-se do leito e falou-lhe suavemente:

— Mulher, Deus é justiça! Reflete; não terás em tua vida praticado algum mal? Não mereceste, por alguma razão, o castigo de Deus?

— Por que me perguntas? Tu sabes perfeitamente que assim é! E se és um forasteiro, como podes saber disso? essas perguntas a mulher as fez com respiração ofegante.

— Eu sei que não pode ser de outra maneira. Agora dize-me: estás arrependida por teres agido assim? Queres esforçar-te durante toda a tua vida para viver de acordo com as leis de Deus?

Ela fixou em Jesus os seus grandes olhos febris, dizendo:

— O remorso me consome, não o suporto mais. Tenho certeza de que nunca mais agirei dessa forma.

— Sabe então que Deus te perdoa, pois Ele não só é justiça, como também bondade e misericórdia. Dorme tranquila e haure no sono a força que te é necessária para continuar a viver.

Falando assim, Jesus pousou a mão direita sobre a fronte e os olhos da enferma. Quando a retirou, após alguns momentos, a mulher estava calma e com os olhos cerrados; dormia, respirando tranquilamente. Raquel contemplava admirada esse quadro comovedor. Em seguida, silenciosamente, ambos deixaram a choupana. Assim que se afastaram um pouco, a ponto de não serem mais ouvidos, Raquel exclamou:

— Quem és tu, Senhor, para ter tal poder? Como podes te exprimir com tanta segurança? Falas como se conhecesses Deus!

— E tu, Raquel, não O conheces? perguntou Jesus. Os profetas não escreveram sobre Ele? Não deveis formar uma imagem Dele, pois o que é divino se tornaria terrenal. Mas em espírito podeis formar uma imagem!

— Senhor, és diferente de todas as pessoas que tenho conhecido. Seria motivo de grande alegria para nós se quisesses ficar conosco para poder nos instruir.

No dia seguinte já se propagara em Tiberíades a notícia da milagrosa cura da viúva, após a visita do estrangeiro de Nazaré. Gedeão, homem de vida metódica e que não gostava de se fazer notado, sentia-se contrariado ao ver sua casa tornar-se centro de grande agitação somente por causa de seu hóspede. E estava feliz por Jesus não haver concordado em tornar-se seu auxiliar…

Durante alguns dias Gedeão ainda teve de receber os curiosos e as pessoas que procuravam auxílio, mas ansiava por encontrar novamente sua paz habitual. Antes, porém, queria entender uma coisa:

— Jesus, dize-me, como pudeste curar aquela mulher? Como te foi possível saber que algo a atormentava? E como ousaste prometer-lhe o perdão de Deus?

— São muitas perguntas de uma vez; no entanto vou respondê-las, disse Jesus. Ao notares que uma pessoa se agita tanto e se atormenta em sua doença, então sempre é um sinal que sua consciência não lhe permite encontrar repouso. Foi o que também vi naquela enferma. Precisei primeiramente proporcionar paz a essa alma, a fim de poder auxiliá-la. O perdão de Deus é certo a todos os pecadores que se arrependem sinceramente.

— Soa tão simples, a maneira como afirmas isso, disse Gedeão pensativamente. No entanto sou forçado a continuar perguntando. Que força te permitiu fazê-la dormir com a simples aplicação de tua mão sobre sua fronte?

— A força de Deus, o Senhor! respondeu Jesus simplesmente. E a firmeza com que foram pronunciadas estas palavras, obrigaram o interlocutor a calar-se.

Dois dias ainda permaneceu Jesus na casa do sacerdote. Depois se despediu, agradecendo a hospitalidade, e continuou seu caminho ao longo do lago. Alegrava-se: havia começado. Homens e mulheres já vinham ao seu encontro e pediam-lhe conselhos. Acreditavam que quem auxiliara uma vez podia continuar a fazê-lo. E não estavam enganados. Recebiam logo as respostas, sempre que as perguntas não se originavam de mera curiosidade.

Enquanto isso, na casa de Gedeão sentia-se um vazio que ninguém queria admitir. Era como se os raios do sol houvessem desaparecido com Jesus, levando todo o calor consigo. "Qual a razão disso?" indagava o sacerdote a si mesmo. Deveria, portanto, ter procurado reter o seu hóspede…

Um longo tempo já havia decorrido desde que Jesus se aproximara do mar da Galileia. E ele continuava seu caminho às margens daquele imenso lago que se perdia de vista e que parecia atraí-lo. Seria talvez a sensação benéfica desse lençol de água depois da aridez do deserto, ou então a transparência do lago, que refletia claramente tudo o que dele se aproximasse, como se fosse um espelho?

Entretanto, sem indagar o que o atraía para lá, Jesus sempre retornava ao lago toda vez que se demorava pelo interior da região. Alegrava-o presenciar a grande atividade dos pescadores, que devido à sua ligação com a natureza lhe pareciam mais singelos que os outros judeus. Sabiam interpretar o vento e o tempo, e conheciam a fundo o movimento das marés.

Devido à atenção que dispensavam ao trabalho, não era, pois, fácil manter uma conversação com eles. Às perguntas de Jesus, eles respondiam com afabilidade, mas não discorriam sobre o assunto. E raramente um deles formulava alguma pergunta a Jesus.

Certa manhã, quando Jesus caminhava na direção do lago, aproximou-se dele um jovem pescador. Em seu rosto estampava-se a dor que lhe ia na alma. Tinha o coração pesado, oprimido por atroz sofrimento; parecia tímido, incapaz de falar. Jesus percebeu isso, porém não disse nada em seu auxílio, esperando que ele se abrisse por si mesmo, sem influência alguma. Durante algum tempo caminharam lado a lado, até que finalmente o pescador lhe perguntou:

— És tu aquele que auxilia as pessoas?

Jesus alegrou-se com a pergunta, pois queria efetivamente ser um auxiliador. E felizes aqueles que o reconhecessem como tal. A resposta foi curta e amável:

— Sim.

— Sei que não aceitas dinheiro, continuou o jovem; tu o fazes pelo desejo de auxiliar, e não por interesse próprio.

Jesus ficou calado, e o pescador prosseguiu:

— Preciso de uma ajuda. Meu avô e meu pai eram pescadores antes de mim, e ambos encontraram a morte numa tempestade. Pois nem sempre é calmo o nosso lago. Às vezes se torna furioso e ameaçador. Nasci no dia que meu pai morreu afogado. Minha mãe, em sua angústia e influenciada por uma velha mulher, jurou às forças invisíveis que jamais oraria a Deus enquanto vivesse, se em troca elas protegessem seu filho quando ele estivesse no lago. E esse filho sou eu, rabi. Tanto quanto posso me lembrar, jamais vi minha mãe entrar num templo, e ela nunca me falou em Deus. O que sei a Seu respeito aprendi-o com meus companheiros. Seu terrível segredo me foi confiado há dois anos por ela mesma um pouco antes de sua morte, que ocorreu após grandes sofrimentos. Desde esse momento levo uma vida atormentada.

Sinto-me impossibilitado de procurar os sacerdotes, pois justamente por não frequentarmos os templos eles nos amaldiçoaram, a mim e à minha mãe. Rabi, eu te suplico, auxilia-me neste desalento!

O pedido desse homem era sincero. Lágrimas corriam-lhe pelas faces, e desesperadamente ele estendia os braços para Jesus.

Jesus estava profundamente abalado. Como era possível tal coisa entre os seres humanos? Que uma mãe fosse capaz de destruir a felicidade e a salvação eternas de seu filho em troca de um bem-estar passageiro? Era espantoso! Jesus com seus límpidos olhos contemplou o suplicante, dizendo-lhe suavemente:

— Pobre homem, como deves ter sofrido!

O homem esperava qualquer outra coisa: repreensão, raiva, desprezo; mas não essa bondade divina que lhe tocou profundamente o coração. E Jesus continuou:

— O que tua mãe fez foi feito por ignorância. Não devemos julgá-la. Ela já reconheceu seu erro e terá de se esforçar penosamente para repará-lo. Tu, porém, terás de começar uma nova vida. Vou te falar de Deus e como viver segundo Suas leis, que são eternas. Ainda não te é demasiado tarde para fazer isso.

— Queres instruir-me desde já? perguntou o homem com humildade.

— Certamente que quero, disse Jesus com alegria. Se puderes estar em minha companhia por todo o dia de hoje, eu te farei ver Deus tal como Ele é!

Durante esse dia e o seguinte também Jesus andou com Bartolomeu, o pescador, instruindo-o.

Contudo chegou o momento da separação, que foi duro para Bartolomeu. Ele voltou para seu barco de pesca, e Jesus continuou seu caminho ao longo do lago, na direção de Magdala.

Bartolomeu realmente desejava encetar nova vida e meses mais tarde procurou Jesus e pediu-lhe permissão para permanecer sempre a seu lado. Foi então que o Mestre o aceitou entre os doze.

Por onde quer que Jesus passasse, evidenciavam-se os sinais da bondade e do poder de Deus; eram flores que desabrochavam e cujo aroma inebriava os viandantes; borboletas esvoaçantes multicoloridas, e vários animaizinhos que cruzavam seu caminho. Em tudo ele via a vontade do Criador, proporcionando à Criação evoluir em beleza.

Somente os seres humanos não pressentiam o amor e a graça de Deus, não compreendendo as dádivas que recebiam da Sua mão. O pequeno ser humano deveria ser a coroa da Criação, entretanto, como se encontrava a maioria dos homens perante o Criador?

No caminho Jesus encontrou um grupo de meninas e meninos. Aproximando-se deles, pôs-se a observá-los. Notou então um aspecto de velhice em suas fisionomias. Faltava-lhes jovialidade, os movimentos eram desajeitados e os olhos inexpressivos. Jesus compadeceu-se de todos. Proveniente de vidas anteriores, quanta coisa errada estava ainda arraigada nessas almas!

À medida que observava as crianças, Jesus cada vez mais se compenetrava de sua missão. Essa humanidade teria que apodrecer e perder-se muito antes da vinda do Filho do Homem para o Julgamento Final. E unicamente para deter a queda prematura dos seres humanos tinha sido Jesus enviado à Terra. Dirigindo-se às crianças, Jesus interpelou-as com meiguice:

— Crianças, quereis ouvir uma história?

Olharam-no surpresas, pois jamais alguém lhes falara com tanta bondade. Jesus, então, sentou-se numa pedra à beira da estrada, e logo se acercou dele um garotinho. Alguns companheiros o imitaram, enquanto outros permaneciam no meio da estrada.

Sem aparentemente se preocupar com os indecisos, Jesus principiou a falar como fazia em casa com seus irmãos. Suas palavras ainda atuavam como que encantando os corações das crianças. Os pequenos escutavam-no com olhos brilhantes. Suas fisionomias foram se transformando e já denotavam um quê de beleza; o aspecto de velhice havia desaparecido. Aqueles que permaneciam afastados foram lentamente se aproximando, um após outro, e finalmente se juntaram aos pés de Jesus.

Somente um menino persistia em ficar de longe, isolado; lutava consigo mesmo, conquanto ninguém parecesse lhe dar atenção. Bruscamente, porém, ele se abaixou e pegou uma pedra, pesada demais para mãos infantis, e desajeitadamente a arremessou contra Jesus. Errou o alvo. Contudo ele correu dali, desaparecendo rapidamente. Assustadas, algumas crianças puseram-se a chorar, enquanto uma delas exclamava:

— Que menino mau!

Jesus olhou para ela e disse:

— É uma criança digna de lástima, que não distingue o mal do bem. Sede gentis com ele, pois assim ele vai aprender convosco.

Jesus continuou contando-lhes a história, como se nada tivesse acontecido. Mas logo percebeu que o pequeno malfeitor se aproximava de mansinho. Em nenhum momento Jesus pensou que ele quisesse atirar uma segunda pedra.

Terminada a história, Jesus explicou a todos quão danoso seria se a pedra lançada tivesse atingido algum deles, e o quanto isso também iria entristecer o causador. E aconselhou-os a refletirem antes de agir, visto que nem tudo o que nos acode à mente deve ser praticado.

Enquanto falava, Jesus ouvia baixinho um soluçar ali perto, e logo um bracinho pousou em seu ombro. Um rosto debulhado em lágrimas juntou-se ao dele, e uma voz infantil exclamou:

— Perdoa-me, tu que és tão bom!

Pleno de alegria, Jesus virou-se e, abraçando o garoto arrependido, disse-lhe:

— Agora agiste certo! Quando se pratica um erro, deve-se procurar desfazê-lo imediatamente. Mas não falemos mais disso.

— Mas eu fui maldoso, mais até do que tu pensas, soluçou a criança. Atirei a pedra contra ti porque... porque és tão belo e bom!

Jesus assustou-se. Seria possível que o mal já tivesse tão profundamente gravado no coração de uma criança? Para seu consolo, porém, imediatamente lhe veio o pensamento de que o próprio menino havia reconhecido seu erro. Porém essa criança precisava de auxílio, e Jesus resolveu procurar seus pais. Ao indagar aos seus companheiros onde ficava a casa do pequeno, todos se prontificaram a acompanhá-lo. Rodeado pelas crianças cheias de júbilo, caminhou em direção ao povoado.

Uma choupana miserável, mal asseada lhe foi indicada como sendo a casa de Zadok. Uma das meninas maiores disse-lhe prontamente:

— Não entres, Senhor, pois irás sujar tua túnica limpa!

Antes que Jesus lhe respondesse, surgiu uma mulher à porta que asperamente lhe perguntou o que desejava. As crianças, exceto Zadok, recuaram e, ao notarem que Jesus se dispunha a falar com a mulher, saíram correndo. Ele, porém, com afabilidade lhe pediu um copo de água. A mulher olhou Jesus com desconfiança e observou:

— Na vizinhança existem casas muito melhores. Por que não pedes lá? Nós somos pobres!

— Mas não tão pobres, irmã, a ponto de me recusares um pouco de água! Vim até aqui em companhia de Zadok, que encontrei no caminho.

— Pois ele que te traga água! disse a mulher, ainda mais desconfiada. "Que desejaria esse homem de ar tão distinto?" Intrigada, ela o observava. Logo depois chegou o menino todo apressado:

— Senhor, a água é limpa e boa. Cuidei de lavar bem o copo!

Jesus, com um sorriso, agradeceu essa atenção. Bebeu a água e devolveu o copo ao menino. Em seguida virou-se para a mulher, que permanecia na mesma posição, e perguntou-lhe cortesmente:

— Poderia obter aqui em tua casa, mais tarde, um pouco de pão e talvez uma cama para passar a noite? Tenho dinheiro e poderei pagar-te.

Os olhos de Zadok brilhavam de alegria. O Senhor bondoso desejava permanecer na casa deles! Tão miserável não parecia ao Senhor a choupana, a mesma choupana que os garotos tanto menosprezavam. A mulher, no entanto, respondeu asperamente:

— Procura abrigo noutro lugar, já que podes pagar! Nossa casa é a mais miserável do lugar, portanto não é digna de ti!

— Mamãe! gemeu Zadok. Ela, virando-se para o filho, disse:

— Que queres? Não vês que não desejo esse senhor perto de mim?

— Mamãe, agora procedes como eu! Zadok disse chorando. Atirei uma pedra pesada nele, porque ao vê-lo tão claro e luminoso me senti pobre e escuro!

— Fizeste isso? lamentou a mãe, que incontinente foi interrompida pelo garoto, que prosseguiu:

— Sim, e tu procedes agora de forma idêntica; ele é tão maravilhoso que sentes vergonha na presença dele, e por isso lhe recusas hospedagem!

O rosto da mulher tinha se transformado. A feição mal-humorada se desfez, ficando apenas um olhar surpreso. De repente ela também começou a chorar.

Jesus, com a mesma amabilidade de antes, repetiu seu pedido. Zadok, então, tomando-o pela mão, levou-o para dentro da casa, enquanto sua mãe, entre soluços, exclamava:

— Senhor, nenhuma pessoa foi tão boa conosco como tu. Se todos fossem como tu, talvez eu me tornasse melhor! Bendita seja esta hora, na qual tens a bondade de entrar em nosso humilde lar.

Ao entrar, Jesus sentiu que o ar estava impregnado com um odor insalubre, e a pouca claridade impedia-o de distinguir o que ali se encontrava. Era um recinto acanhado, parecendo mais um estábulo do que propriamente uma habitação humana. A mulher abriu uma portinhola ao fundo, por onde penetrou ar fresco e luz. E num afã até então desconhecido, pôs-se a arrumar os utensílios e objetos que se encontravam em desordem. De um canto soou uma voz cansada:

— Que fazes Taphat? Tantas vezes te pedi que arrumasses as coisas e nunca o fizeste! Que significa, agora, essa resolução tão repentina?

A mulher nada respondeu, trabalhava febrilmente. Jesus, aproximando-se do lugar de onde vinha a voz, deparou com um leito onde se encontrava um homem em pele e osso. Ainda era jovem, porém estava bastante doente. Tomando-lhe a mão amavelmente, disse-lhe Jesus:

— Agradeço-te a hospitalidade que me dispensas hoje em tua casa.

— Há tanto tempo não temos hóspedes em casa, falou o homem debilmente. Receio que não te vás sentir bem entre nós.

Depois contou a Jesus que fora vítima de um acidente durante o trabalho e que fazia anos que permanecia na cama. E em consequência disso, sua mulher havia perdido o incentivo pela casa. Como trabalhava nos campos dos vizinhos para ganhar o pão cotidiano, sentia-se cansada para ainda se dedicar aos afazeres domésticos. E assim também Zadok ia crescendo como um pequeno selvagem.

Ansiosamente então, indagou o doente:

— Onde está o meu pequeno? Ele não entrou contigo?

Jesus, olhou ao redor, procurando, e constatou que o ambiente já havia tomado outro aspecto. O zelo da dona da casa ocasionara em poucos momentos uma transformação surpreendente. Nesse instante entrou Zadok, que tinha ouvido o chamado do pai, e se aproximou dele. Tinha os cabelos ensopados de água, pois ele acabara de se lavar na fonte. Surpreso, o pai olhou para o hóspede que era o motivo de tanta transformação em sua casa.

Jesus continuou a falar e imprimiu outro rumo à conversa, encaminhando-a para o sentido de Deus. Constatou logo que o doente possuía certa cultura, por muito haver lido. Porém também viu que durante sua longa enfermidade havia mergulhado em profundas lamentações, não encontrando mais tempo para pensar em Deus. E agora, envergonhado, confessava isso.

— Vê, meu amigo, disse Jesus. Repreendeste tua mulher por haver descuidado do asseio da casa. No entanto, que fizeste diferente disso? Agiste de forma idêntica, permitindo que o conhecimento de Deus e de Sua vontade se apagasse em teu íntimo. Apesar de muito haveres sofrido, ainda não elevaste o teu pensamento ao Senhor do Universo. Tua mulher foi insensata, porque mesmo sabendo que estava errada impediu que o ar e a luz penetrassem em vossa casa. Enquanto tu, do mesmo modo, fechavas teu coração à Luz de Deus, e com isso impediste que o auxílio viesse até tua cama de doente. Durante tua enfermidade, tranquilamente poderias ter refletido, e se o tivesses feito, orientando teu pensamento para Deus, terias aprendido o que Ele te queria dizer. E os salmos te teriam consolado!

Nesse momento se aproximou a mulher, convidando Jesus para tomar a refeição em companhia dela e de Zadok. Jesus chegou-se à mesa, pegou o pão e abençoou. Em seguida tomaram sua frugal refeição, durante a qual reinou alegria. Jesus mesmo preparou uma tigelinha com leite e pão, que levou para o doente. Encontrou-o banhado em lágrimas. Jesus mais tarde recitou para todos um salmo, e depois procuraram repousar. Num canto do aposento, foi preparado um leito limpo para Jesus; Zadok e sua mãe acomodaram-se no estábulo. Na manhã seguinte, mal Jesus se levantara, o doente chamou por ele:

— Senhor, passei a noite em vigília, refletindo sobre as palavras que me disseste ontem. Compenetrei-me de que falaste a verdade e a partir de hoje quero dar outro rumo à minha vida. Espero que Deus me perdoe e me proporcione a bênção de que me falaste!

— Certamente Deus te perdoará, se quiseres sinceramente melhorar, foi a resposta amável de Jesus.

Jesus ainda partilhou no dia seguinte de uma refeição com eles, para logo depois se despedir. A mulher agradeceu efusivamente por tanta bondade dispensada, prometendo-lhe não mais descuidar da casa, ao que lhe respondeu Jesus:

— Dentro de algumas semanas voltarei, e veremos então se cumpristes vossas palavras!

Essas palavras, repassadas de tão grande bondade, tocaram o íntimo do casal que, imbuído de verdadeira alegria, prometeu tornar-se cada vez mais digno de hospedá-lo. Zadok acompanhou-o ainda por um bom trecho do caminho, e também prometeu se esforçar por melhorar.

Alguns meses depois, Jesus novamente batia à porta da choupana. De dentro uma voz fraca convidou-o a entrar. O enfermo encontrava-se só, porém o aposento estava bem cuidado, tanto quanto permitia a pobreza dos moradores. A fisionomia do doente já denunciava certa paz interior, evidenciando que já se pensava em Deus naquela casa.

Com o coração pleno de alegria, Jesus pousou delicadamente a mão sobre o enfermo e orou. Depois, sem pronunciar palavra, sentou-se ao lado do leito. À tardinha, quando Taphat e Zadok regressaram do trabalho, grata lhes foi a surpresa da visita, e com grande alegria saudaram Jesus. Nesse momento o doente acordou, sentou-se à beira do leito, e contemplou em volta com o olhar mais límpido, exclamando:

— Senhor, tua oração me curou! Sinto-me completamente restabelecido!

O homem então levantou-se e fez a refeição com os seus.

— Poderás novamente trabalhar para tua subsistência. Auxiliou-te a bondade de Deus! Jamais te esqueças disto!

No dia seguinte propalou-se o milagre por toda a parte, enquanto Jesus retomava o seu caminho.

Jesus depois disso peregrinou durante meses, e a afluência dos curiosos e dos que necessitavam de auxílio crescia dia a dia. Ele rogou a Deus que lhe enviasse auxiliares para sua tão grandiosa obra, e encontrou os primeiros servos entre a gente simples do povo.

Com o coração alegre, eles prontamente reconheceram Jesus e a Verdade que ele trazia, ansiando de toda a alma poder acompanhá-lo e servi-lo. Uma ardente vontade de trabalhar, zelo infatigável e uma vida habituada a privações, era tudo o que eles traziam. Não obstante deveriam ser servos do Filho de Deus em sua atuação!

Entretanto não foi fácil para Jesus habituá-los a uma nova forma de pensar, a abrandar os seus modos e a melhorar os seus hábitos; a fim de poder orientar bem o anseio de trabalhar deles e fazer despertar neles o conhecimento da natureza humana.

Dia após dia Jesus peregrinou com seus companheiros, instruindo-os para que não estivessem ignorantes quando precisassem enfrentar aqueles que se aproximavam com perguntas. Em sua ânsia de servir, eles se dirigiam indistintamente a todos e apenas consentiam que se aproximassem de Jesus os que necessitavam de cura. Não haviam compreendido as delicadas exortações de Jesus, e ele procurava levá-los a obter essa compreensão pela vivência.

Durante alguns dias Jesus ficou escutando suas respostas e advertências, interferindo quando estavam errados demais. Certa ocasião Jesus, dando a entender que necessitava de repouso, deixou-os sozinhos por um dia. Para eles foi motivo de grande alegria a ideia de poderem contribuir para o descanso do querido Mestre.

Jesus, contudo, os observava de longe. Os quatro eram totalmente diferentes um do outro. João observava com benevolência a multidão, distinguindo prontamente os mais necessitados. E com serenidade lhes dirigia a palavra e procurava fraternalmente auxiliá-los, esforçando-se por desanuviar aquelas feições aflitas.

Pedro se dirigia a todos, sem fazer distinção, falando e ao mesmo tempo repreendendo-os. Tornava-se por vezes impaciente com aqueles que não conseguiam compreendê-lo, sem perceber que com sua atitude constrangia os tímidos, que se tornavam hesitantes.

Seu irmão André agia de forma completamente diferente. Aguardava que viessem até ele, e então em silêncio ouvia atentamente aquele que dele se aproximava. Na maioria das vezes conseguia êxito com esse seu modo de atuar, pois ao discorrer os fatos o próprio interlocutor se esforçava por encontrar uma solução para o caso, e se isso fosse insuficiente André intervinha e conscienciosamente dava seu conselho. Contudo se lhe parecesse árdua a tarefa, encaminhava seu interlocutor a João. E Jesus sorria, pois, embora isso ocorresse várias vezes num dia, a atuação de André, na sua humildade, era grande.

Diferente ainda era o procedimento de Jakobus, irmão de João. Também aguardava que viessem até ele e então estabelecia-se uma animada troca de perguntas e respostas. Jakobus era uma criatura afável, irradiante, e com facilidade conquistava o coração de todos. Seus olhos brilhantes ajudavam mais as almas tristes do que as próprias palavras.

Ao cair da noite, dispersando-se a multidão, Jesus novamente se aproximou de seus companheiros, cujos semblantes denotavam fadiga. Com eles se dirigiu a uma estalagem onde tomaram a refeição noturna habitual, que consistia em pão e vinho. Ao se retirarem, no caminho, Jesus convidou os quatro a relatarem os acontecimentos do dia.

Pedro, então, impetuosamente falou:

— Senhor, Senhor, não podes ainda, de maneira alguma, nos deixar sozinhos! Não compreendemos nada ainda. As pessoas são demasiadamente tolas, muito mais do que eu julgava! Elas não querem compreender, e nos falta tudo para fazê-las entender.

Jesus, sorrindo, olhou à sua volta:

— Será realmente assim? Vós também sentistes dessa maneira?

— Não me pareceu que as pessoas fossem mais tolas do que eu, ponderou André. Várias questões me foram difíceis de solucionar, e apelei para João. Mas também cheguei à conclusão que sem ti, Senhor, nada somos.

— A mim, não me pareceram difíceis as perguntas, disse João. Uma vez compreendidos os seus anseios, foi fácil auxiliar. Consegui dar lenitivo a vários, contudo não sei se respondi sempre acertadamente.

Dirigindo-se ao último deles, interrogou Jesus:

— E tu Jakobus?

— Eu não notei se as pessoas eram tolas ou não. Compadeci-me de todas, pois cada uma trazia uma angústia. Quando não era possível ajudá-las em suas preocupações, esforçava-me pelo menos em torná-las mais alegres.

Terminado esse questionário, Jesus ficou propositadamente em silêncio por alguns momentos. Quando ele ia novamente falar, Pedro antecedeu-o dizendo:

— Parece-me que Jakobus foi quem melhor agiu, e eu fui quem obteve menos êxito. Tornar uma pessoa alegre já é muito! E eu não fiz mais do que repreender, censurar e zangar-me por suas tolices.

Então Jesus retornou:

— Tornar uma pessoa alegre, a ponto de ela esquecer seus aborrecimentos ainda que por momentos, realmente já é fazer muito! Mas essa alegria deve brotar da alma, do contrário de nada servirá. Eu creio, Jakobus, que as pessoas puderam sentir isso contigo.

Após alguns segundos, Jesus continuou:

— Terá o dia de hoje vos proporcionado alguma experiência?

Eles assentiram animadamente, enquanto João dizia:

— Senhor, creio que ainda não sabemos nada, e para o futuro devemos ser mais cautelosos.

— Contudo, o dia não foi perdido, elogiou o Senhor amavelmente.

Em seguida aconselhou-os a interrogar as pessoas sobre suas preocupações, mas que não tentassem resolver as questões indiscriminadamente. Deveriam, isso sim, responder cada pergunta separadamente. Com o decorrer do tempo aprenderiam a resolver muitas perguntas de uma só vez, e passariam a compreender melhor os seres humanos. E à medida que fossem agraciados com o dom do saber, também lhes seria dado o poder de transmiti-lo aos outros, mas não antes.

Finalmente agora começavam a compreender seu Senhor. Acolhiam enfim os ensinamentos que já tantas vezes ele lhes dera com outras palavras e cujo sentido não tinham ainda compreendido.

Já no dia seguinte se fazia sentir o resultado desse ensinamento. Solicitamente eles indagavam os anseios dos que se aproximavam. Separavam-nos em grupos, distribuindo-os entre os quatro. Alguns, entretanto, eram encaminhados a Jesus. Tornou-se um trabalho mais interessante e mais consciente que o habitual, e a alegria contagiava a todos.

Nessa época, com anseio de auxiliar, outros se apresentaram, solicitando permissão para se incorporarem entre os acompanhantes de Jesus. O Senhor, porém, teve de recusar alguns deles, pois viu nitidamente que a chama em suas almas não era mais do que fogo de palha, que logo se extinguiria.

Outros ainda eram atraídos por quererem novidades e tão logo se lhes tornasse um hábito a convivência com Jesus, também pediriam para partir. Apesar dos insistentes pedidos, estes, Jesus previu que não devia aceitar. Quanto mais insistentes e fervorosos, quanto mais impetuosos seus pedidos, tanto menos aptas estavam as pessoas para segui-lo.

Fazia já alguns dias que um judeu ricamente trajado se juntava assiduamente à multidão que rodeava Jesus. Destacava-se pelo porte. Tinha belos traços fisionômicos, porém duros. Seu andar era altivo e seu olhar perscrutador, quase como se estivesse à espreita de algo. Quando um dia João lhe perguntou com que propósito estava ali, respondeu-lhe prontamente:

— Com nenhum.

Pedro, que facilmente se irritava, ouvindo essa resposta, perguntou-lhe asperamente:

— Então para que vens aqui?

— Quero ver e ouvir vosso Mestre, respondeu o estranho.

No entanto ele não se aproximava de Jesus, mas sempre se encontrava ao alcance de sua voz, observando e escutando atentamente tudo o que o Senhor fazia ou dizia. Ao anoitecer do sétimo dia, os auxiliares foram falar com Jesus sobre esse estranho personagem. Jesus também já o havia notado.

— Não seja ele um espião! falou André, cuja voz denotava certa apreensão.

— Por que motivo alguém precisaria espiar-nos? perguntou Jesus bondosamente. Nada temos a esconder. Se temeis alguma coisa, então tereis que estar sempre sobressaltados, pois não conhecemos quase nenhuma das pessoas que de nós se aproximam.

— Não sei por que, mas ele me parece temível, opinou João, e Jakobus concordou de pronto com ele.

Pedro mantinha-se calado, apesar de sempre ser o mais ardoroso nas conversas.

Intrigado, Jesus interrogou-o:

— Então, Pedro, que pensas desse homem?

— Senhor, não sei. Sinto que há nele alguma coisa que me atrai, e ao mesmo tempo outra que causa aversão. Não sei ainda qual é mais forte, respondeu Pedro pensativamente.

— Comigo acontece algo parecido, falou Jesus. Ainda ninguém me deu tanto o que pensar como esse homem. Vamos esperar, para ver se virá falar conosco.

Já no dia seguinte, tendo surgido uma ocasião propícia, aproximou-se o estranho de Jesus e disse-lhe:

— Mestre, noto que és diferente de todos os outros homens. Sei que és um grande profeta. Quem, senão um profeta, pode realizar os milagres que tu realizas?

Jesus escutou pacientemente, sem desviar o olhar dele um instante sequer. Depois de fazer uma série de elogios, o homem finalmente pediu:

— Senhor, deixa-me ir contigo.

— Que queres dizer? perguntou Jesus.

O homem olhou surpreso para o Mestre, dizendo:

— Isso mesmo, conforme eu o disse! Quero seguir-te e ouvir tuas palavras. Assim poderei certificar-me do conteúdo de tua doutrina.

— Ainda não o sabes? Já me ouviste falar por vários dias. Ainda não foi suficiente para te mostrar a Verdade?

O homem inquietou-se e disse:

— Eu procuro a Verdade, mas quero estar absolutamente seguro. Não quero me enganar, nem me deixar enganar. Permite-me que te acompanhe por algum tempo.

— Não tenho nada a contrapor, desde que continues como até agora, permanecendo entre a multidão, disse Jesus seriamente. Aos meus auxiliares, no entanto, não te poderás juntar, porque irias nos perturbar em nossas palestras.

Sentindo-se ferido em seu amor-próprio, o desconhecido demonstrou descontentamento. Os discípulos, contudo, ficaram satisfeitos com a resposta do Senhor.

Dias seguidos o estranho, cujo nome ninguém conhecia, continuava entre a multidão. Notava-se cada vez mais que ele procurava realmente a Verdade. Jesus ao falar referia-se ao orgulho e à soberba, a equidade e à presunção. Esperava, enfim, atrair as almas sedentas de Luz.

Certo dia Jesus referiu-se ao Messias prometido, a esperança dos judeus. Os olhos do desconhecido faiscaram. Sua fisionomia transfigurou-se, desaparecendo a dureza dos traços. Mais que depressa ele se virou para João, que estava ao seu lado, e interrogou:

— Será ele?

João não entendeu direito a pergunta e meneou a cabeça. Jesus, porém, fixou no interpelante um olhar que penetrou em sua alma. Depois que os ouvintes se retiraram, o estranho aproximou-se outra vez de Jesus; agora, porém, com outras maneiras:

— Senhor, dize-me, quem és tu?

E sem dar tempo a que Jesus respondesse, continuou:

— Deves ser o Messias! Eu creio ter encontrado a Verdade.

Jesus sorriu bondosamente. O homem, com mais modéstia agora, insistiu no pedido de poder segui-lo. Jesus, então, consentiu que ele se juntasse aos seus auxiliares para aprender, com o que ele ficou muito satisfeito.

— Dize-nos então teu nome, pediu Jesus, para que saibamos como te chamar.

— Eu sou Judas, denominado Iscariotes, respondeu o homem, demonstrando um certo orgulho ao pronunciar esse nome. Descendo de uma rica estirpe judaica. Frequentei escolas famosas, mas nunca encontrei o que procurava. Somente aqui obtive respostas às minhas perguntas e aos meus anseios.

Apesar de agora o homem parecer merecedor de estima, os auxiliares ficaram desconcertados com a decisão de Jesus. Sentiam, assim como Pedro, que esse homem tinha qualquer coisa que se chocava contra eles. Mas Jesus pediu-lhes que recebessem amistosamente o novo companheiro.

A Judas era permitido ficar bastante tempo com Jesus e prestar-lhe toda sorte de serviços leves. Sobretudo podia ouvir quando o Mestre falava aos necessitados, e, logo após, frequentemente pedia explicações detalhadas sobre o sentido de suas palavras; nisso ele se distinguia dos demais companheiros.

João, assim como os outros, notando esse pormenor, perguntou certa vez:

— Senhor, por que Judas tem sempre alguma pergunta a fazer-te, sendo ele muito mais inteligente do que nós? No entanto, temos a impressão de que, quando falas, entendemos tudo perfeitamente.

Jesus olhou amavelmente para ele e disse:

— Escuta João, vós ouvis minhas palavras com a intuição. Em vossa alma sentis claramente que aquilo que digo é pura verdade. E assim é o certo. Judas, porém, é diferente. Ele aprendeu mais, e seu intelecto foi empurrado para o primeiro plano. Tudo quanto digo ele examina e investiga por meio do intelecto, antes de poder aceitar. Por isso, constantemente, tem o que perguntar.

Demonstrando contrariedade, disse João, meio confuso:

— Senhor, semelhante pessoa não devia estar em nosso meio! Por que o aceitas como ouvinte?

— João, onde tua fé se firma? advertiu Jesus, censurando-o brandamente. Diferentes são as pessoas que de mim se aproximam. Mais diferentes ainda serão aquelas que se juntarão em torno de minha Palavra, quando eu não mais peregrinar sobre a Terra. É preciso que haja entre vós pessoas que examinem tudo com o raciocínio para que possam compreender e ensinar àqueles que forem dessa mesma espécie. Judas tem o desejo sincero de assimilar a Verdade e de me servir. Ele aprenderá a atribuir ao intelecto o lugar que lhe compete.

Grato, João afastou-se e foi juntar-se aos companheiros, comunicando-lhes o que Jesus havia dito. E todos se sentiram envergonhados por haverem sido tão intolerantes.

Chegou o dia em que Jesus deveria escolher, dentre o grande grupo que o acompanhava, os doze que seriam seus auxiliares e seus discípulos. Estes seriam mais ligados a ele, e permanentemente deveriam estar ao seu lado.

Agora ninguém mais ficaria admirado se Judas viesse a fazer parte dos doze. Todos contavam com isso, por terem começado a compreender aquele companheiro de espécie tão diferente e também a amá-lo. Ele mesmo ficou profundamente comovido. Até o último momento Judas acreditou que o escolhido seria Natanael. A que circunstância devia atribuir e agradecer o inesperado? Foi inutilmente que procurou a solidão para cismar sobre o assunto. Não atinava. À noite pediu ao Mestre para falar-lhe, no que foi atendido, aliás como sempre acontecia quando um dos doze desejava tratar de um assunto particular.

Jesus já sabia o que Judas lhe queria perguntar, contudo não o auxiliou, para que ele se tornasse mais explícito em suas perguntas.

— Rabi, começou Judas meio hesitante, por que deste preferência a mim e não a Natanael, a quem tu amas?

— E não te amo eu, Judas? replicou Jesus. O meu amor é igual por todos vós. A todos vós quero ajudar e conduzir a Deus.

— Mas eu sei que te dou muito trabalho, disse Judas cabisbaixo.

— Se sinceramente sentes isso, logo te tornarás melhor, disse-lhe Jesus, consolando-o. Que seria de ti, Judas, se eu agora te afastasse de mim? Tua alma veio ao meu encontro, mas ainda está vacilante. Deixa que ela se torne firme pelo servir, e alcançarás grandes coisas.

Natanael, no entanto, não percebia como os pensamentos de Jesus se ocupavam com ele. Em sua grande modéstia, jamais havia esperado pertencer ao grupo dos discípulos, mas alegremente seguia Jesus em suas caminhadas, servindo-o e também os discípulos, ajudando todos com humildade, dedicação e alegria. Após algum tempo ele foi incorporado ao grupo dos setenta e dois emissários que formavam o círculo externo dos fiéis que cercavam Jesus.

Um pesado temporal desabou sobre o lago. De todos os lados soprava um vendaval. Por toda a parte faiscavam os relâmpagos, e os trovões ribombavam sem intervalo.

Apressadamente, os discípulos procuraram alcançar um abrigo, antes que se desencadeasse a chuva que prometia ser grossa e pesada. Alguns deles até se amedrontaram, inquietos diante da fúria dos elementos.

No meio da estrada, numa pequena elevação que haviam alcançado, estava Jesus, que juntando as mãos olhava embevecido o furor das ondas, o balouçar das árvores e o redemoinho de areia que se levantava no meio delas. Sereno e satisfeito, Jesus comentou:

— Servos de Deus estão em atividade. Eles purificam o ar!

Ao caírem os primeiros pingos grossos de chuva, os discípulos pediram a Jesus que se recolhesse ao abrigo, o que ele atendeu, embora não fosse esse seu desejo. De bom grado teria ficado ali fora, mesmo porque a chuva impetuosa que desabou fez desaparecer a poeira que o vento havia levantado no ar, permitindo assim que se visse os singulares quadros que se formavam sobre as águas.

Haviam se abrigado numa cabana cujos moradores certamente estavam nos campos. Os discípulos estavam sentados, então um deles perguntou a Jesus:

— Ainda há pouco disseste que servos de Deus estão em atividade. A quem te referias, Senhor?

Jesus, virando-se para quem o interrogava, respondeu:

— Não conheces as palavras do salmo: "Tu que transformas Teus anjos em ventos e Teus servos em labaredas de fogo?" Com isso Davi disse o mesmo que eu.

— Jamais pude compreender essas palavras, confessou Tomé, manifestando o desejo de um esclarecimento.

O Mestre prontamente atendeu o pedido e explicou-lhe que tudo quanto os homens denominam "natureza" é preenchido por servos do Todo-Poderoso, os quais atuam obedecendo em tudo à Sua vontade, cumprindo Seus mandamentos. Os discípulos já tinham algum conhecimento disso, porém diante de explicação tão clara, deixaram de temer a tormenta, que não mais lhes parecia tão temível, e sim elevada, por ser um sinal da atuação dos servos de Deus.

Subitamente um raio caiu nas proximidades, atordoando todos. Em meio ao furor da tempestade, ouviam-se os gritos de aflição de gente desamparada. Jesus foi até a porta da cabana e chamou os discípulos para perto. Não longe dali se incendiava uma casa atingida pelo raio.

— Senhor, balbuciou Tomé abalado. Isso também foi praticado pelos servos de Deus, por ordem Dele?

— Se nós já ouvimos que eles nada fazem fora da vontade de Deus, disse Judas precipitadamente, então Ele também deve ter desejado que isso acontecesse.

Se essas palavras estavam certas, o tom com que foram ditas denunciava que para Judas faltava a convicção íntima. Jesus, erguendo o olhar, disse em voz baixa, para que ninguém o ouvisse:

— Pai, se me fosse permitido mostrar-lhes de modo que eles pudessem crer!

Em seguida convidou os discípulos a acompanhá-lo até a casa incendiada. A chuva abrandara, e talvez pudessem prestar algum socorro. Mas quando lá chegaram nada mais havia por fazer. O fogo tinha devorado tudo, e as chamas já se extinguiam. Observando-se o que restava do incêndio, constatava-se a grandiosidade da propriedade. Por toda a parte estavam caídas vigas carbonizadas e espalhavam-se objetos meio queimados. Ao redor dos escombros, reunidos em pequenos grupos, estavam os vizinhos solícitos. Isolado deles, achava-se um homem com o olhar desconsolado, fixo ao longe. Perto dele, sentada, sua mulher chorava desesperadamente. Um cachorro procurava acercar-se dela, porém ela afastou-o delicadamente.

Bondosamente Jesus se aproximou de ambos. Comovera-se ao vê-los abandonados e entregues à sua desdita. O homem, notando que ele se aproximava, ergueu a cabeça e disse:

— Forasteiro, segue teu caminho. Não te preocupes comigo. Eu sofro o que mereço.

— Que queres dizer, meu amigo? perguntou-lhe Jesus bondosamente, enquanto os discípulos escutavam atentamente.

O homem não respondeu. Parecia não estar disposto a falar. Jesus não quis insistir, embora sentisse haver encontrado ali o que havia solicitado a Deus para poder elucidar os discípulos. Ao virar-se para sair, despedindo-se Jesus disse:

— Se sabes que não sofres sem culpa, deixa que o sofrimento se transforme em bênção.

Então a mulher, erguendo a cabeça e fixando o olhar em Jesus, exclamou:

— Senhor! Que dizes? Transformar o sofrimento em bênção? Será isso possível?

— Que significado teria então o sofrimento? perguntou Jesus firmemente. Deus não castiga por prazer, mas para que os seres humanos aprendam e se modifiquem. Se fizerdes isso, Sua bênção se alojará em vós. É o que vos desejo.

Nas últimas palavras transparecia algo da própria personalidade de Jesus, e todos sentiram que o desejo do Mestre já era quase uma bênção. Agora o desalentado casal queria retê-lo, e o homem, que antes se mostrara tão reservado, queria contar-lhe a sua triste história, e contou.

Havia adquirido irregularmente aquela casa e os campos. Diante das pessoas tinha conseguido se justificar, embora sempre houvesse desconfiança a respeito disso. Intimamente, contudo, sua consciência o atormentava e ele não conseguia ter paz de espírito. Sua mulher, que ignorava os seus atos reprováveis, pouco a pouco foi prestando atenção nos comentários dos vizinhos e conhecidos e principalmente na forma diferente que tratavam seu marido.

Quando a tempestade se desencadeou, ela havia exigido explicações dele, dizendo que não podia mais viver a seu lado se ele não confessasse as irregularidades praticadas, das quais ela ouvira falar. Deveria reconhecer os erros praticados, e juntos, os dois procurariam redimi-los. Tudo ela suportaria, tudo, menos essa penosa incerteza.

— Mas eu não podia humilhar-me diante dela, prosseguiu o homem. Julguei que se eu negasse tudo com veemência ela ficaria em paz, e talvez eu pudesse secretamente me iniciar na prática do bem. Ela então me disse: "Deus no céu sabe o que fizeste! Dele nada poderás ocultar!" Eu então me enfureci e exclamei: "Se existe um Deus, e se Ele sabe que pratiquei o mal, que caia um raio sobre esta casa!" Apenas falei, e caiu o fogo do céu.

Abalados, todos escutavam o homem que continuou:

— Não lamento por haver perdido uma fortuna irregularmente adquirida. Sou jovem e posso trabalhar para indenizar aqueles que ludibriei. Minha mulher me auxiliará e haveremos de viver melhor do que estes últimos anos. Mas eu blasfemei contra Deus! É algo que nunca mais poderei desfazer, e isso me leva ao desespero!

— Não podes desfazer o que fizeste, soou a voz suave do Mestre. Em meio a tanta angústia, foi para todos como uma voz descida das alturas. Não podes desfazer, contudo reconheceste o que fizeste e te arrependeste. Deus se alegra com os pecadores que fazem penitência. Aceita o teu fardo e suporta-o com fervor e paciência, confiando em Deus que te libertará da culpa com que te sobrecarregaste.

— Senhor, que dizes? balbuciou o homem quase sem se poder conter. Poderia Deus, o Altíssimo, perdoar semelhante culpa?

— Ela está perdoada. Não reincidas no erro, e não recordes levianamente do dia de hoje. Segura a mão de Deus e deixa que ela te guie. Então, desta desolação florescerá a bênção.

A chuva tinha parado. Os vizinhos tinham-se aproximado, curiosos, desejosos de ouvir o que dizia aquele desconhecido. Jesus, então, despediu-se do casal e encaminhou-se para a estrada, seguido pelos discípulos. Em silêncio caminharam um longo trecho. Profundamente os atingira a resposta de Deus à pergunta que haviam formulado. Jesus, no entanto, agradeceu ao Pai, e seu coração alegrou-se por causa dos seus.

Finalmente, falou João:

— Senhor, também nós jamais esqueceremos este dia. Também para nós ele se tornará uma bênção.

Novamente reuniu Jesus os doze que o rodeavam permanentemente. Retirou-se com eles para um lugar afastado e recomeçou a instruí-los.

Falou-lhes do Supremo Templo de Deus, o Eterno, que paira sobre todos os céus, preenchido de santidade. Enquanto falava, apossou-se dele um desejo ardente de novamente estar nas alturas. Suas palavras tornavam-se cada vez mais melodiosas, mais magnificentes. Seu semblante resplandecia como jamais os discípulos haviam visto. A claridade brilhante que o transfigurava irradiava-se até longe, dando a impressão de Jesus se achar sentado sobre uma luz extraterrena. Seus olhos azuis cintilavam maravilhosamente.

Os discípulos observavam fascinados o seu Mestre, atentos para não deixar escapar nenhuma de suas palavras. Contudo não o compreendiam! Era-lhes admirável ouvi-lo. Tão logo, porém, desejassem pensar sobre o que ouviam, desaparecia o que encantava suas almas. Como, pois, explicar isso?

Alguns tentavam refletir, terminando por se confundirem completamente, a ponto de não mais escutarem o que Jesus continuava dizendo. Outros, principalmente João, afastavam todas as reflexões e cismas, e ouviam de alma aberta. Sentiam que Jesus lhes falava de sua Pátria de Luz, e que queria transmitir-lhes algo que pudesse enriquecer suas pobres vidas. Nenhum deles ousava interrompê-lo. Subitamente, porém, ele parou de falar, e lentamente se apagou o brilho. Jesus levantou-se e pôs-se a andar sozinho um pedaço do caminho. Os discípulos já conheciam esse seu hábito. Era o desejo de estar só. Ninguém devia acompanhá-lo, mas ele não se deixava perder de vista e voltava tão logo concluía seus pensamentos.

Nesse meio-tempo os discípulos começaram a conversar em voz baixa sobre o que tinham ouvido. Será que poderiam imaginar que o reino do céu fosse como uma casa, ou um castelo? Existiriam muitos aposentos lá? Os muitos salões deveriam ser imensos… Seria permitido, também a eles, habitar nesse castelo um dia?

— Não, opinou João. Jesus jamais disse isso! Ele falou que seu Pai tinha ainda outras moradas para nós, nas quais nos será permitido adentrar um dia. No magnificente castelo, o Pai mora sozinho com Seu Filho.

Quanto mais cogitavam e conjecturavam sobre o assunto, tanto mais se confundiam as ideias, e se desfazia o que havia de divino e sobrenatural na narração de Jesus. Agora eles acreditavam poder formar uma ideia exata de tudo, supunham já haver entendido tudo... No entanto cada qual havia arrastado o que tinha ouvido para dentro da sua própria capacidade de compreensão.

Quando, depois de longo tempo, Jesus voltou para junto deles, olhos radiantes o contemplaram. Jesus percebeu imediatamente o que se havia passado, e se entristeceu. Desejava tanto poder falar-lhes das paragens celestiais de onde veio, mas eles não podiam deixar de transformar tudo para o nível de seu entendimento. Alegrou-se, porém, por nenhum deles o interrogar mais sobre aquilo que tinham ouvido, porque lhe seria penoso ter de acrescentar explicações às suas palavras.

Certo dia estavam todos caminhando sob um céu claro, numa estrada margeada por campos verdejantes e floridos. Embora houvesse poeira na estrada, o panorama era belo ao redor deles. Os discípulos, no entanto, mais se preocupavam com o pó que os molestava do que com a beleza a sua volta.

Jesus ia no meio do grupo, como de hábito. Percorria o olhar pela redondeza e regozijava-se ante o esplendor do colorido. Em dado momento, porém, notou o desinteresse dos que seguiam à sua frente por aquilo que tanto o encantava. Iam cabisbaixos e taciturnos. Observou os outros à sua volta e viu que tinham a mesma atitude.

— Observai as flores dos campos! disse-lhes, então, Jesus.

— Senhor, isso é erva daninha, que para nada serve. Só prejudica os cereais! disse Judas, admirando-se de que Jesus ignorasse isso.

Ao que replicou Jesus:

— Chamas toda essa beleza, criada por meu Pai, de erva daninha, Judas? Observa as flores. Cada qual é perfeita de acordo com a sua espécie. Que mãos humanas seriam hábeis o bastante para fazer coisa igual? Se essas te parecem de pouco valor, olha então para os jardins, onde se encontram flores magníficas que perfumam e deleitam os sentidos dos seres humanos. São mensageiras de Deus, que nos falam do amor eterno, do amor que não quer que o olhar da humanidade se fixe somente na poeira do caminho.

Os discípulos compreenderam o que Jesus lhes queria dizer, ergueram a cabeça e ficaram envergonhados de precisarem ser admoestados a respeito.

Jesus, porém, prosseguiu dizendo:

— Essa florescência nos fala de Deus. As flores em sua terna linguagem clamam para os seres humanos, e sussurrando lhes dizem: admirai a maravilhosa Criação com que Deus vos presenteou. Atentai para esta beleza. É vosso dever amá-la e dela cuidar. Assim, também vós vos tornareis belos aos olhos do Todo-Poderoso!

E Jesus continuou a admirar e elogiar tudo o que os rodeava: pássaros e besouros, estrelas e nuvens. De repente, os olhos dos discípulos se abriram para o belo, e, alegres como crianças, mostravam isso uns aos outros.

Perto dali, no portão de um jardim, estava parada uma menina que nem notara que o grupo se aproximava. Feliz, completamente absorta, observava uns pintinhos que bicavam ao redor de seus pezinhos, ciscando a terra.

— Como sois lindos! exclamava ela repetidamente com sua voz delicada, entre gritinhos de alegria. Jesus, apontando para a criança, disse:

— Vede, assim deveis ser! Confiantes como uma criança. Todos vós podeis aprender com essa menina.

Jesus, acompanhado dos discípulos, compareceu ao templo de um pequeno povoado, num dia de sabá. Era um templo humilde, como humildes eram também as pessoas que lá se reuniam. Contudo, ao entrar, Jesus notou que pairava sobre tudo um ar solene. Foi com prazer que observou as pessoas presentes. Dirigiu-se então a um velho sacerdote, que se alegrou com o fato de alguém, bem mais jovem do que ele, solicitar permissão para ler e explicar o texto da Escritura. Estavam numa passagem das profecias de Isaías, que todos sabiam de cor desde a juventude. Mas dos lábios de Jesus aquelas palavras conhecidas soaram de maneira admirável:

— "Ele não esmagará a cana rachada, nem apagará o pavio que ainda arde fracamente. Em verdade, ele ensinará o que é certo."

Jesus leu somente essas poucas palavras, em vez de ler o capítulo todo como habitualmente era feito. Depois fechou o livro e entregou-o ao servo do templo. E começou a falar:

— Não vos parece haver o profeta dedicado estas palavras a vós particularmente, povo de Betsaida? Já vos sentis exaustos, ansiando por aquele que vos fortalecerá os corações e elevará vossas almas. E se ele estivesse entre vós, não o reconheceríeis! Passaríeis ao lado dele sem atentardes, porque vos habituastes a ouvir dizer que ele virá com grande pompa. Esperais que ele se torne rei na Terra. Esperando aquele que vos está prometido para bem mais tarde, agora deixais passar ignorado aquele que Deus, em Sua misericórdia, vos enviou antecipadamente, para que não pereçais antes da vinda do Juiz.

Jesus fez uma pausa intencionalmente. Podia-se ouvir a respiração de todos os ouvintes que, atentamente, aguardavam que ele reiniciasse a prédica. Não havia ninguém que se deixasse dominar pela fadiga. Estavam todos com a atenção presa ao orador. Também os discípulos o escutavam atentamente, como se estivessem ouvindo coisas novas para eles.

— Ao lerdes as antigas profecias, deveis ter notado que elas ora dizem que o Prometido virá sobre as nuvens, ladeado por anjos, com pompa e esplendor; ora dizem que ele será modesto e simples. Estais, pois, completamente cegos, vós homens? Se eu vos dissesse que um príncipe estava para chegar entre vós, vós vos prepararíeis para recebê-lo. Mas se, no dia seguinte, eu o descrevesse sem os aparatos de um príncipe, mas como homem modesto e simples, o que pensaríeis? Ficaríeis pensando, naturalmente, que eu vos havia falado de duas pessoas diferentes e então haveríeis de dizer: são dois, pois, os que virão! Sim, era o que devíeis pensar, se seguísseis simplesmente a vossa intuição. Mas quando ledes as diferentes referências dos profetas pouco refletis, dando voltas em torno da questão, e concluindo que elas se referem a uma só pessoa.

Aos profetas iluminados por Deus foi dado o privilégio de ver o futuro, para que muitos acontecimentos fossem revelados antecipadamente. Eles viram e anunciaram que o Filho de Deus viria para o Juízo Final, a fim de punir o mundo e livrá-lo das cadeias do mal, conforme o que merecesse. Mas eles viram, também, que este mundo estava afundando tão rapidamente, que o Filho de Deus nada mais teria para julgar ou salvar se a misericórdia de Deus não o socorresse.

Foi-lhes então permitido ver que Deus enviaria um Filho para trazer Luz a este mundo decaído! E este é o outro, pelo qual passais desatentos. É chegado o tempo desse Filho de Deus, e vossos olhos não o querem ver e vossos ouvidos estão surdos às suas palavras. Homens, homens, como poderia eu vos explicar para que me compreendêsseis? Eu, porém, vos advirto: o reino do céu se aproxima, assim como prega João. Abri vossos corações para que também se abram vossos olhos espirituais!

Arrebatadoras eram as palavras de Jesus, que ecoavam longe sobre os ouvintes. Era uma revelação que jamais tinham ouvido, porém em bem poucos essas palavras atingiram a alma. Para a maioria, elas foram como um eco que vibrou por pouco tempo em torno deles e talvez também no íntimo. Depois tudo emudeceu.

E entre os que ouviam com a alma contrita estava o velho sacerdote. Ao ar livre, emocionado, aproximou-se de Jesus e pediu-lhe que não os deixasse.

— Senhor, o que disseste é a pura verdade. Mas como a apresentaste, nunca nos foi dado ouvir. Bem diferente foi o modo que os nossos mestres nos ensinaram, e conforme recebemos também transmitimos adiante. Agora, porém, compreendi. Temos de esperar por duas vezes a vinda de um Messias.

Nesse momento, um dos discípulos interrompeu o velho sacerdote e disse:

— Não ouviste Jesus dizer que é chegado o tempo do Filho de Deus, e que ele já está entre os seres humanos?

Perturbado, o sacerdote olhou para um e para outro.

— Se é assim, se foi isso realmente que Jesus disse, então… então o Filho de Deus já está na Terra! Mas onde ele se encontra?

Cada vez mais alto o homem repetia a pergunta. A resposta foi o silêncio. Um silêncio que não provinha da timidez ou de dissimulação, mas sim que pairava como uma promessa sobre o grupo. Incrédulos e interrogadores, os olhares vaguearam entre os presentes, até que por fim se fixaram em Jesus.

O sacerdote então foi acometido de uma grande emoção. Subitamente havia obtido resposta à sua pergunta, e caiu de joelhos aos pés de Jesus, exclamando:

— Meu Senhor e meu Deus!

Mais, ele não podia pronunciar... Jesus meigamente o tomou pela mão e o fez sentar-se.

Durante todo o dia Jesus e os seus discípulos ficaram na modesta casa do sacerdote, a qual lhes ficou na lembrança como se fora um radiante templo de Deus. Depois de esclarecer o velho sacerdote sobre as profecias que o anunciavam como o enviado da misericórdia divina, Jesus também falou daquele que viria depois dele, para o Juízo.

— Será chamado Filho do Homem. O mundo todo lhe será submisso. Ele é o Rei de todos os mundos, e já reina nas alturas, assim como reinará mais tarde aqui na Terra.

O sacerdote compreendeu, mas os discípulos tinham novamente inúmeras perguntas a fazer, demonstrando nitidamente que ainda não haviam compreendido que Jesus e Imanuel, o Prometido, eram duas pessoas diferentes. Jesus olhou-os com tristeza.

— Vós me cansais tanto, pois tenho de falar sempre a mesma coisa, sem que estejais em condições de compreender, disse com um leve suspiro.

ÍNDICE

MARIA 5

FATOS DESCONHECIDOS DA VIDA
DO FILHO DE DEUS, JESUS 119

AO LEITOR

A Ordem do Graal na Terra é uma entidade criada com a finalidade de difusão, estudo e prática dos elevados princípios da Mensagem do Graal de Abdruschin "NA LUZ DA VERDADE", e congrega as pessoas que se interessam pelo conteúdo das obras que edita. Não se trata, portanto, de uma simples editora de livros.

Se o leitor desejar uma maior aproximação com as pessoas que já pertencem à Ordem do Graal na Terra, em vários pontos do Brasil, poderá dirigir-se aos seguintes endereços:

Por carta
ORDEM DO GRAAL NA TERRA
Rua Sete de Setembro, 29.200 – CEP 06845-000
Embu das Artes – SP – BRASIL

Por telefone
11 4781-0006

Por e-mail
graal@graal.org.br

Internet
www.graal.org.br

NA LUZ DA VERDADE
Mensagem do Graal
de Abdruschin

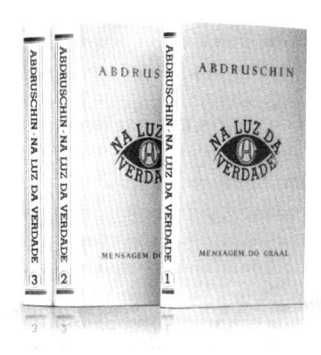

Obra editada em três volumes, contém esclarecimentos a respeito da existência do ser humano, mostrando qual o caminho que deve percorrer a fim de encontrar a razão de ser de sua existência e desenvolver todas as suas capacitações.

Seguem-se alguns assuntos contidos nesta obra: O reconhecimento de Deus • O mistério do nascimento • Intuição • A criança • Sexo • Natal • A imaculada concepção e o nascimento do Filho de Deus • Bens terrenos • Espiritismo • O matrimônio • Astrologia • A morte • Aprendizado do ocultismo, alimentação de carne ou alimentação vegetal • Deuses, Olimpo, Valhala • Milagres • O Santo Graal.

vol. 1 ISBN 978-85-7279-026-0 • 256 p.
vol. 2 ISBN 978-85-7279-027-7 • 480 p.
vol. 3 ISBN 978-85-7279-028-4 • 512 p.

ALICERCES DE VIDA
de Abdruschin
"Alicerces de Vida" reúne pensamentos extraídos da obra "Na Luz da Verdade", de Abdruschin. O significado da existência é tema que permeia a obra. Esta edição traz a seleção de diversos trechos significativos, reflexões filosóficas apresentando fundamentos interessantes sobre as buscas do ser humano.

Edição de bolso • ISBN 978-85-7279-086-4 • 192 p.

OS DEZ MANDAMENTOS E O PAI NOSSO
Explicados por Abdruschin
Amplo e revelador! Este livro apresenta uma análise profunda dos Mandamentos recebidos por Moisés, mostrando sua verdadeira essência e esclarecendo seus valores perenes.
Ainda neste livro compreende-se toda a grandeza de "O Pai Nosso", legado de Jesus à humanidade. Com os esclarecimentos de Abdruschin, esta oração tão conhecida pode de novo ser sentida plenamente pelos seres humanos.

Também em edição de bolso • ISBN 978-85-7279-058-1 • 80 p.

RESPOSTAS A PERGUNTAS
de Abdruschin
Coletânea de perguntas respondidas por Abdruschin no período de 1924-1937, que esclarecem questões enigmáticas da atualidade: Doações por vaidade • Responsabilidade dos juízes • Frequência às igrejas • Existe uma "providência"? • Que é Verdade? • Morte natural e morte violenta • Milagres de Jesus • Pesquisa do câncer • Ressurreição em carne é possível? • Complexos de inferioridade • Olhos de raios X.

ISBN 85-7279-024-1 • 174 p.

OBRAS DE ROSELIS VON SASS

A DESCONHECIDA BABILÔNIA
Uma das cidades mais significativas da Antiguidade, conhecida por seus Jardins Suspensos, pela Torre de Babel e por um povo ímpar: os sumerianos, fortes no espírito, grandes na cultura. Babilônia, por um lado tão encantadora, por outro, ameaçada pelo culto de Baal.

ISBN 85-7279-063-2 • 304 p.

A GRANDE PIRÂMIDE REVELA SEU SEGREDO
Povos antigos interpretavam a Grande Pirâmide do Egito como uma obra rica em simbologia profética. O livro narra a construção desse enigmático monumento, as profecias impressas em sua estrutura arquitetônica e o destino espiritual dos seres humanos.

ISBN 978-85-7279-044-4 • 352 p.

A VERDADE SOBRE OS INCAS
Roselis von Sass mescla a história da construção da nação inca – cuja unidade cultural extremamente avançada instiga ainda hoje a curiosidade de pesquisadores – com acontecimentos da vida diária desse povo espiritualizado, fortemente ligado à natureza.

ISBN 978-85-7279-053-6 • 288 p.

ÁFRICA E SEUS MISTÉRIOS
"África para os africanos!" era o ideal em torno do qual um grupo de seres humanos de diversas origens se uniram em 1961, pouco tempo depois da República Democrática do Congo deixar de ser colônia belga. Lutavam por um país independente e justo.

ISBN 85-7279-057-8 • 336 p.

ATLÂNTIDA. PRINCÍPIO E FIM DA GRANDE TRAGÉDIA
"Quando a Estrela Lunar se apagar, nosso mundo também se apagará!", alerta a profecia. Roselis von Sass descreve os últimos 50 anos da história desse surpreendente país, citado por Platão, e as advertências ao povo para que mudassem para outras regiões.

ISBN 978-85-7279-036-9 • 176 p.

FIOS DO DESTINO DETERMINAM A VIDA HUMANA
Uma autêntica e sensível coletânea de textos e contos que ilumina e elucida a misteriosa força dos fios do destino. Carma e resgate. As situações na vida dos seres humanos são entrelaçadas: laços de amor, decepções, depressão, ansiedade, um contínuo semear e colher.

ISBN 978-85-7279-045-1 • 208 p.

LEOPOLDINA, UMA VIDA PELA INDEPENDÊNCIA
Leopoldina tornou-se a primeira mulher a ter seu papel político reconhecido no Brasil. Seu grande poder de decisão e perseverança influenciaram na formação de novos caminhos para o país, culminando na Independência do Brasil. – *Extraído do livro "Revelações Inéditas da História do Brasil"*.

Edição de bolso • ISBN 978-85-7279-111-3 • 144 p.

O LIVRO DO JUÍZO FINAL
O grandioso acontecimento denominado Juízo Final, mencionado em tantas profecias oriundas de diferentes épocas da humanidade, e temas como doenças, alterações do Sol, mitologia, seres elementares da natureza e o Grande Cometa são desvendados à luz de um novo saber.

ISBN 978-85-7279-049-9 • 384 p.

O NASCIMENTO DA TERRA
A formação do planeta Terra revelada sob uma perspectiva espiritualista. As transformações que ocorreram durante bilhões de anos, cuidadosamente realizadas por pequenos e grandes seres elementares da natureza, para receber os humanos e auxiliar em seu desenvolvimento espiritual.

ISBN 85-7279-047-0 • 176 p.

OS PRIMEIROS SERES HUMANOS
A trajetória do ser humano no planeta Terra desde a origem dos animais evoluídos, que receberam a encarnação dos primeiros espíritos humanos, e os períodos de desenvolvimento humano nas diferentes regiões do planeta, denominadas berços da humanidade.

ISBN 978-85-7279-055-0 • 160 p.

PROFECIAS E OUTRAS REVELAÇÕES
"Profecias e Outras Revelações" busca extrair o significado de conhecidas profecias, como a Terceira Mensagem de Fátima, o Juízo Final, as transformações do Sol e o Grande Cometa. Temas que levam a extensas pesquisas e mostram que tudo é regido pela lei de causa e efeito. – *Extraído de "O Livro do Juízo Final".*

Edição de bolso • ISBN 85-7279-088-8 • 176 p.

REVELAÇÕES INÉDITAS DA HISTÓRIA DO BRASIL
Roselis von Sass propõe ler o Brasil com um olhar voltado para a espiritualidade, fazendo uma análise de três momentos considerados fundamentais: os povos antigos que aqui habitaram, as circunstâncias que levaram à Independência e a construção de Brasília, deslocando a capital do país para o interior do território nacional.

ISBN 978-85-7279-112-0 • 256 p.

SABÁ, O PAÍS DAS MIL FRAGRÂNCIAS
Sabá, um país a dois mil metros de altitude, ao sul da Península Arábica, na região do atual Iêmen. Uma visão espiritualizada sobre a vida da Rainha de Sabá e sua visita ao Rei Salomão.

ISBN 978-85-7279-066-6 • 400 p.

TEMPO DE APRENDIZADO
"Tempo de Aprendizado" é uma coletânea de frases e narrativas que abordam a existência, o cotidiano e a capacidade do ser humano determinar seu futuro por meio de suas ações. Com imagens e textos repletos de conhecimento espiritual.

Livro Ilustrado • *Capa Dura* • ISBN 85-7279-085-3 • 112 p.

OBRAS DE DIVERSOS AUTORES

A VIDA DE ABDRUSCHIN
Por volta do século XIII a.C., o soberano dos árabes parte em direção aos homens do deserto. Rústicos guerreiros tornam-se pacíficos sob o comando daquele a quem denominam "Príncipe". Na corte do faraó ocorre o previsto encontro entre Abdruschin e Moisés, o libertador do povo israelita.
"A Vida de Abdruschin" é a narrativa da passagem desse "Soberano dos soberanos" pela Terra.

ISBN 85-7279-011-X • 264 p.

A VIDA DE MOISÉS
A narrativa envolvente traz de volta o caminho percorrido por Moisés desde seu nascimento até o cumprimento de sua missão: libertar o povo israelita da escravidão egípcia e transmitir os Mandamentos de Deus. Com um novo olhar acompanhe os passos de Moisés em sua busca pela Verdade e liberdade. – *Extraído do livro "Aspectos do Antigo Egito".*

Edição de bolso • ISBN 978-85-7279-074-1 • 160 p.

ASPECTOS DO ANTIGO EGITO
O Egito ressurge diante dos olhos do leitor trazendo de volta nomes que o mundo não esqueceu – Tutancâmon, Ramsés, Moisés, Akhenaton e Nefertiti.
Reviva a história desses grandes personagens, conhecendo suas conquistas, seus sofrimentos e alegrias, na evolução de seus espíritos.

ISBN 85-7279-076-4 • 288 p.

BUDDHA
O livro convida o leitor a uma viagem pela Cordilheira do Himalaia, ao encontro das origens do budismo! A narrativa romanceada apresenta os primórdios do budismo, uma nova visão sobre as origens de vários conceitos, como a causa dos sofrimentos humanos, o Nirvana e a reencarnação.

ISBN 978-85-7279-072-7 • 336 p.

CASCA VAZIA
de Sibélia Zanon, com ilustrações de Paloma Portela
"Casca vazia" passeia pelas memórias de uma menina, que gosta de assistir a vida acontecer. Aos 12 anos ela acompanha os perigos que uma família de tico-ticos enfrenta ao fazer seu ninho numa samambaia. Aos 13, ela descobre que corpo de gente é igual a casca de ovo. Ao deparar com cascas e ninhos vazios ela pergunta: – Para onde vocês VÃO com tanta pressa?

"Casca vazia" é um livro sem idade. A delicadeza das primeiras experiências com a separação e o luto possibilitam a reflexão sobre os ciclos, sobre as trajetórias de vida, sobre uma existência que abriga renascimentos.

Livro ilustrado • ISBN 978-65-5728-013-3 • 28 p.

CASSANDRA, A PRINCESA DE TROIA
Pouco explorada pela história, a atuação de Cassandra, filha de Príamo e Hécuba, reis de Troia, ganha destaque nesta narrativa. Com suas profecias, a jovem alertava constantemente sobre o trágico destino que se aproximava de Troia.

Edição de bolso • ISBN 978-85-7279-113-7 • 224 p.

ÉFESO
A vida na Terra há milhares de anos. A evolução dos seres humanos que sintonizados com as leis da natureza eram donos de uma rara sensibilidade, hoje chamada "sexto sentido".

ISBN 85-7279-006-3 • 232 p.

ESPIANDO PELA FRESTA
de Sibélia Zanon, com ilustrações de Maria de Fátima Seehagen
"Espiando pela fresta" tem o cotidiano como palco. As 22 frestas do livro têm o olhar curioso para questões que apaixonam ou incomodam. A prosa de Sibélia Zanon busca o poético e, com frequência, mergulha na infância: espaço propício para as descobertas da existência e também território despretensioso, capaz de revelar as verdades complexas da vida adulta.

ISBN 978-85-7279-114-4 • 112 p.

JESUS ENSINA AS LEIS DA CRIAÇÃO
de Roberto C. P. Junior
Em "Jesus Ensina as Leis da Criação", Roberto C. P. Junior discorre sobre a abrangência das parábolas e das leis da Criação de forma independente e lógica. Com isso, leva o leitor a uma análise desvinculada de dogmas. O livro destaca passagens históricas, sendo ainda enriquecido por citações de teólogos, cientistas e filósofos.

ISBN 85-7279-087-X • 240 p.

JESUS, FATOS DESCONHECIDOS
Independentemente de religião ou misticismo, o legado de Jesus chama a atenção de leigos e estudiosos.
"Jesus, Fatos Desconhecidos" traz dois relatos reais de sua vida que resgatam a verdadeira personalidade e atuação do Mestre, desmistificando dogmas e incompreensões nas interpretações criadas por mãos humanas ao longo da História. – *Extraído do livro "Jesus, o Amor de Deus".*

Edição de bolso • ISBN 978-85-7279-089-5 • 192 p.

JESUS, O AMOR DE DEUS
Um novo Jesus, desconhecido da humanidade, é desvendado. Sua infância... sua vida marcada por ensinamentos, vivências, sofrimentos... Os caminhos de João Batista também são focados.
"Jesus, o Amor de Deus" – um livro fascinante sobre aquele que veio como Portador da Verdade na Terra!

ISBN 85-7279-064-0 • 400 p.

LAO-TSE
Conheça a trajetória do grande sábio que marcou uma época toda especial na China. Acompanhe a sua peregrinação pelo país na busca de constante aprendizado, a vida nos antigos mosteiros do Tibete, e sua consagração como superior dos lamas e guia espiritual de toda a China.

ISBN 978-85-7279-065-9 • 304 p.

MARIA MADALENA
Maria Madalena é personagem que provoca curiosidade, admiração e polêmica!

Símbolo de liderança feminina, essa mulher de rara beleza foi especialmente tocada pelas palavras de João Batista e partiu, então, em busca de uma vida mais profunda.

Maria Madalena foi testemunha da ressurreição de Cristo, sendo a escolhida para dar a notícia aos apóstolos. – *Extraído do livro "Os Apóstolos de Jesus".*

Edição de bolso • ISBN 978-85-7279-084-0 • 160 p.

NINA E A MONTANHA GIGANTE
de Sibélia Zanon, com ilustrações de Paloma Portela e Tátia Tainá

Nina faz um passeio pelas montanhas. No caminho encontra tocas habitadas e casas abandonadas. Mas o que ela quer mesmo é chegar bem lá no alto.

Uma menina e uma montanha com a cabeça nas nuvens... As duas maravilhadas com as casas habitadas e outras tantas casas abandonadas. Quem habita essas moradias? A montanha gigante parece cuidar de todos. E quem cuida da montanha?

Literatura Infantojuvenil • ISBN 978-85-7279-171-7 • 32 p.

NINA E A MÚSICA DO MAR • SEREIAS
de Sibélia Zanon, com ilustrações de Tátia Tainá

Nas férias, Nina faz uma viagem com a vovó Dora. O Cabelinho vai junto, é claro. Eles visitam o mar! É a primeira vez da Nina e do Cabelinho na praia. Nina está muito curiosa... o que tem dentro das ondas?

Existem inúmeras coisas que não podemos ver nem tocar. Você já viu o tamanho da sua fome? E já enxergou o tamanho do amor que sente? Um universo invisível nos envolve. Mas como apreciar a grandeza daquilo que não vemos?

Literatura Infantojuvenil • ISBN 978-85-7279-150-2 • 32 p.

NINA E O DEDO ESPETADO • DOMPI
de Sibélia Zanon, com ilustrações de Tátia Tainá

Num dia ensolarado, Nina decide dar uma voltinha pelo jardim. No caminho, ela sente uma espetada. Aaaai!!

Mas Nina não está sozinha. Seu amigo Cabelinho está por perto e a joaninha Julinha vai fazer com que ela se lembre de alguém muito especial.

Literatura Infantojuvenil • ISBN 978-85-7279-136-6 • 36 p.

O DIA SEM AMANHÃ
de Roberto C. P. Junior
Uma viagem pela história, desde a França do século XVII até os nossos dias. Vivências e decisões do passado encontram sua efetivação no presente, dentro da indesviável lei da reciprocidade.
A cada parada da viagem, o leitor se depara com novos conhecimentos e informações que lhe permitem compreender, de modo natural, a razão e o processo do aceleramento dos acontecimentos na época atual.

Edição nos formatos e-pub e pdf • *eBook* • ISBN 978-85-7279-116-8 • 510 p.

O FILHO DO HOMEM NA TERRA. PROFECIAS SOBRE SUA VINDA E MISSÃO
de Roberto C. P. Junior
Profecias relacionadas à época do Juízo Final descrevem, com coerência e clareza, a vinda de um emissário de Deus, imbuído da missão de desencadear o Juízo e esclarecer à humanidade, perdida em seus erros, as Leis que governam a Criação.
Por meio de uma pesquisa detalhada, que abrange profecias bíblicas e extrabíblicas, Roberto C. P. Junior aborda fatos relevantes das antigas tradições sobre o Juízo Final e a vinda do Filho do Homem.

Edição de bolso • ISBN 978-85-7279-094-9 • 288 p.

OS APÓSTOLOS DE JESUS
O leitor, neste livro, será transportado para a Palestina da época do Império Romano, onde trilhará os caminhos da agitada Jerusalém e de diversas cidades da Judeia, Samaria e Galileia. Percorrerá, ainda, a Macedônia e a Grécia, até chegar à poderosa Roma, para acompanhar de perto a trajetória de personagens que foram profundamente transformados pela Mensagem de Jesus.

ISBN 85-7279-071-3 • 256 p.

QUEM PROTEGE AS CRIANÇAS?
Texto de Antonio Ricardo Cardoso, com Ilustrações de Maria de Fátima Seehagen e Edson J. Gonçalez
Qual o encanto e o mistério que envolve o mundo infantil? Entre versos e ilustrações, o mundo invisível dos guardiões das crianças é revelado, resgatando o conhecimento das antigas tradições que ficaram perdidas no tempo.

Livro Ilustrado • *Capa Dura* • ISBN 85-7279-081-0 • 24 p.

REFLEXÕES SOBRE TEMAS BÍBLICOS
de Fernando José Marques
Neste livro, trechos como a missão de Jesus, a virgindade de Maria de Nazaré, Apocalipse, a missão dos Reis Magos, pecados e resgate de culpas são interpretados sob nova dimensão.
Obra singular para os que buscam as conexões perdidas no tempo!

Edição de bolso • ISBN 978-85-7279-078-9 • 176 p.

ZOROASTER
A vida empolgante do profeta iraniano, Zoroaster, o preparador do caminho Daquele que viria, e posteriormente Zorotushtra, o conservador do caminho. Neste livro são narrados de maneira especial suas viagens e os meios empregados para tornar seu saber acessível ao povo.

ISBN 85-7279-083-7 • 288 p.

Veja em nosso site os títulos disponíveis em formato
e-book e em outros idiomas: www.graal.org.br

Correspondência e pedidos

ORDEM DO **GRAAL** NA TERRA

Rua Sete de Setembro, 29.200 – CEP 06845-000
Embu das Artes – SP – BRASIL
Fone e Fax: 11 4781-0006
www.graal.org.br
graal@graal.org.br

Fonte: Adobe Garamond Pro
Papel: Chambril Avena LD FSC 70g/m^2
Impressão: Mundial Gráfica Ltda.